von Dr. Peter Holbeck

Modellbahnbau mit eigenen Mitteln – ohne Bausätze zum seligen Modellbahnlächeln

Band 3

Für Anfänger, Fortgeschrittene und werdende Profis

Es ist unumgänglich, beim Thema Modelbahn Marken- und Firmennamen zu nennen. All dies geschieht zu rein privater und nichtgewerblicher Benutzung ohne Rücksicht auf bestehende Schutzrechte, so dass der geneigte Leser vor deren Weiterverwendung prüfen sollte, ob seine Art der Verwendung ebenfalls zulässig ist. Es finden sich auch zahlreiche Links und Hinweise auf andere Sites. Damit ist keine Verletzung von Rechten Dritter beabsichtigt. Sollten auf diesen Sites Rechtsverletzungen begangen werden, so ist dies nicht von dem Ziel und der Absicht des Links umfasst und fällt nicht in meine Verantwortung, ich distanziere mich ausdrücklich von jenen Äußerungen/Handlungen.
Selbstverständlich kann ich nicht für die hier unentgeltlich angebotenen Informationen pp. in irgendeiner Form eine Haltung übernehmen. Oder in Anlehnung an vergleichbare Formulierungen: Ich stehe nur dafür ein, dass die Verwertung und Anwendung dieser Informationen und Verfahren in meinem eigenen Bereich nicht zu Katastrophen kleiner oder größerer Art geführt hat und Schäden nicht oder nur in dem jeweils erwähnten Umfang eingetreten sind. Insbesondere Löt-, Säge-, Klebe-, Mal- und Elektroarbeiten erfolgen auf eigene Verantwortung und setzen entsprechende Fachkenntnisse voraus. Für eventuell schief hängenden Haussegen übernehme ich keinerlei Verantwortung. Aus demselben Grund bitte ich um Beachtung, dass ich hier nur meine höchstpersönliche Meinung verbreite. Weder beanspruche ich für diese universelle Geltung, noch ist irgend jemand gezwungen, sich dieser anzuschließen. Sollte sich ein seliges Modellbahnlächeln beim Leser nicht einstellen, so ist dies zwar höchst bedauerlich, fällt aber nicht unter meine Verantwortung und kann nicht eingeklagt werden.

IMPRESSUM

1. Auflage 2008

Gestaltung: artwork-factory.com
Fotos: Dr. Peter Holbeck, Solingen; Beate Betsmann,
Roland Kluck, Lüneburg; Horst Schreiber, Solingen
Zeichnungen: Roland Kluck, Lüneburg
Karikaturen: Andre P.
Produktion: Feierabend Unique Books, Köln
ISBN 978-3-9812091-0-5
Printed in China

*Meiner Ehefrau Brilo gewidmet, ohne deren
Toleranz und Verständnis für das Modellbahnhobby
Ich mich bestimmt von meinem Müngstener
Brückenmodell gestürzt hätte.*

EUROPA'93

Gehaltvolles Inhaltsverzeichnis:

Weiterlächeln

Nachdem die ersten beiden Bände vom „seligen Modellbahnlächeln“ mit über 40000 Exemplaren sehr zufriedenstellend verkauft wurden stellte sich bei mir das selige Autorenlächeln, bei meinem Verleger das selige Unternehmerlächeln und bei den Lesern anscheinend viel seliges Modellbahnlächeln ein.

Letzteres entnehme ich auch mehreren hundert Zuschriften.

Viele davon waren einfach nur schulterklopfend und nicht wenige kann man unter der Rubrik „endlich versteht mich meine Frau“ oder umgekehrt „endlich verstehe ich meinen Mann“ einordnen. Die meisten Brief- oder email-Schreiber aber fragten nach Band 3.

Nun muß ich ehrlich gestehen, daß ich ursprünglich gar nicht geplant hatte, weitere Bücher zu schreiben, aber bekanntlich kommt der Appetit ja beim Essen und in meiner neu-missionarischen Tätigkeit spürte ich zunehmend die ungeheure Verantwortung, die armen bekehrten Modellbahnschäfchen nicht im Regen stehen zu lassen.

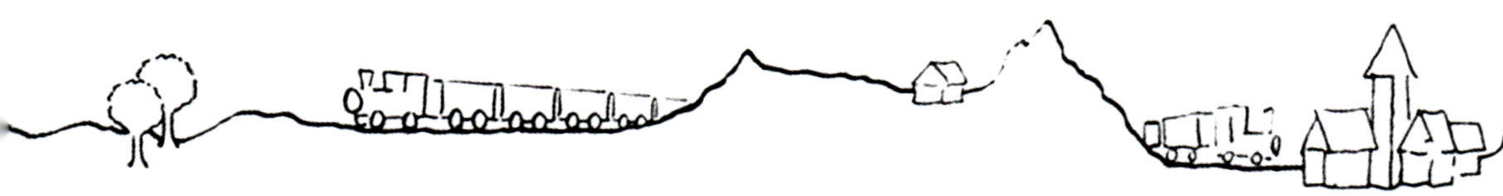

1. So ging es erst mal weiter, aber dann...

Coming out

Viele Modellbahner haben erst durch meine Bücher zu einem „Coming-out" gefunden.

Ich darf hier noch mal daran erinnern, daß trotz einer geschätzten Dunkelziffer von über 5 Millionen Modellbahnern sich nur vergleichsweise wenige zu ihrem Hobby bekennen.

Das kommt vor allem durch das Vorurteil, Modellbahner seien verschrobene, weltfremde Eigenbrötler, deren blasse Gesichtsfarbe von langen Aufenthalten in kalten Modellbahnkellern oder überhitzten Bastelspeichern komme.

Sie lebten falls sie überhaupt jemals einen Partner gefunden hätten, vorwiegend in zerrütteten Ehen, aus denen die sehnlichst gewünschten männlichen Nachkommen ihre Daseinsberechtigung nur in der Hobbyweitergabe zu suchen hätten.

Wer kennt nicht die Geschichte aus dem Bankinstitut, wo in einer Mittagspause ein Angestellter verstohlen in einer Modellbahnzeitschrift blätterte und dabei von einem sich von hinten anschleichenden Kollegen verschwörerisch angesprochen wurde: „Gleich- oder Wechselstrom?"

Die weitere Geschichte war kurz erzählt, nämlich das gegenseitige Outen einer ganzen Gruppe von Bankangestellten als Modellbahner und die Gründung eines Clubs.

Seitdem sitzen diese Bankmobahner regelmäßig in der Mittagspause an einem großen Tisch zusammen und fachsimpeln, statt sich um steigende Aktienkurse zu kümmern.

Schlaflose Nächte

Nun folgten bei mir selbst einige schlaflose Nächte, in denen ich mir überlegte, welche Modellbahnthemen in den kommenden Büchern der – ja man sprach inzwischen davon – ganzen Modellbahnlächeln-Reihe zu verwirklichen wären.

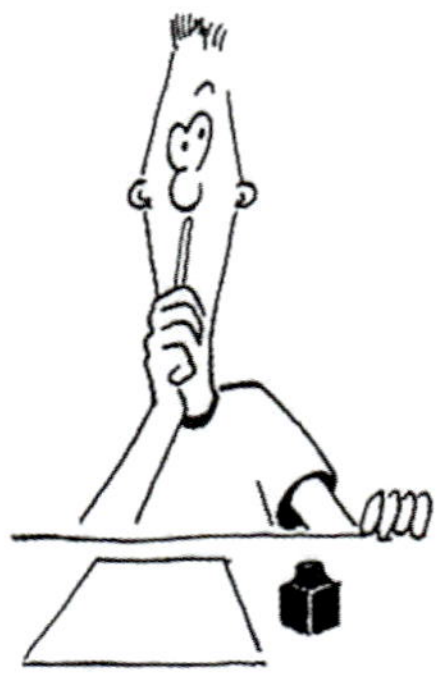

Meine Stoffsammlung – hier erinnerte ich mich an meine Schulzeit und die Deutschaufsätze – ging von anderen Spurweiten, Betriebssystemen, Berichten über andere Modellbahner, Gartenbahnen, Gleis- Wagen- und Lokomotiveigenbau über ausländische Bahnen, Modulanlagen nach allen möglichen Normen, Kitbashing, Hauseigenbau und Landschaftsbaualternativen bis hin zum Bau von Großanlagen für Clubs oder Ausstellungen aus.

Bevor mir das Schicksal auf wundersame Weise einen ganz anderen Einstieg verschaffte, der sogar vieles aus der Stoffsammlung enthielt, knüpfte ich unzählige neue Kontakte zu Modellbahnern und Eisenbahnern aller Art, oder anders herum, es wurde von denen mit mir geknüpft.

Nur beispielhaft erwähnen möchte ich Einladungen von Lokomotivführern zu Führerstandsmitfahrten, von Piloten in Flugsimulatoren – was das mit Modellbahn zu tun hatte habe ich bis heute nicht herausgefunden – und vom Fernsehen zu einer Prominentenrateschau, die allerdings etwas mit der Bahn zu tun hatte.

Davon später mehr.

Wie ging's denn so?

Zuerst wollte und werde ich berichten, wie es seit Erscheinen meiner ersten beiden Bücher mit meiner eigenen Modellbahn weiter gegangen ist, denn nicht nur neues Rollmaterial, sondern auch ein Umbau ergab neue Bilder.

Fangen wir mit dem Umbau an, der vor allem seine Daseinsberechtigung aus einer Verbesserung der Optik zieht. Es ging um die „gekitbashte“ Stadtkirche.

Die Kirche doch im Dorf lassen

Den geneigten Lesern, die ihre Entstehung in Band II nicht mitbekommen haben möchte ich hier ihre Entstehungsgeschichte noch mal erklären: Ein jeder kennt den Ausspruch: LASSEN WIR DOCH DIE KIRCHE IM DORF.

Aber LASSEN WIR DIE KIRCHE IN DER STADT kennt keiner. Schon eher scheint FINDEN WIR DIE KIRCHE IN DER STADT möglich. Für meine Anlage sollte es aber heißen: FINDEN WIR EINE KIRCHE FÜR DIE STADT.

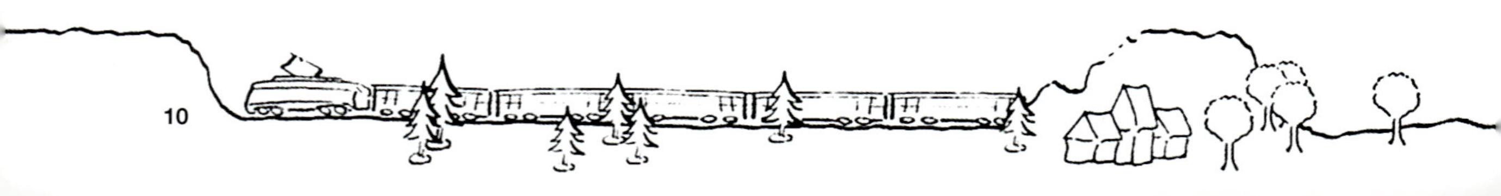

Auf der Suche nach einer geeignet großen Stadtkirche war ich mit dem Gefundenen nicht so glücklich. Entweder war die Kirche zu klein, zu ländlich, zu bayerisch und so weiter. Fast wäre ich verzweifelt, da kam mir beim Betrachten des Vollmer-Bausatzes der gotischen Stadtkirche Stuttgart-Berg eine Idee:

Die Kirche mag zwar im Katalog so von unten fotografiert imposant wirken, aber für meine Großstadt war sie eben doch noch zu klein. Doppelt so groß wäre gerade richtig. DOPPELT? Heureka! Warum nicht zwei Bausätze kaufen und ein bisschen herumtricksen und improvisieren. Kitbasching nennt man so etwas auf neudeutsch.

Also wurde das Kirchenschiff verlängert und um zwei Seitenschiffe verbreitert.

Zwei Bausätze – zwei Türme, okay, aber der Dachreiter – einen dritten Bausatz kaufen und aus einem Turm den Dachreiter kappen? Das wäre verdammt viel Ausschuß gewesen. Dritter Bausatz? Moment mal, gab es da nicht vom gleichen Hersteller einen gotischen Marktbrunnen? Den fand ich schnell auf einer anderen Katalogseite und mein Modellbahnerlächeln verbreiterte sich:

Verbreitern musste ich den Marktbrunnen nicht, nur um das untere Brunnenteil verkürzen, eine umgekehrte V-förmige Kerbe der Dachschräge angepasst heraussägen und gelöst war das Problem.

Jetzt hatte meine Bonner Stadtkirche die richtigen Proportionen und wirkte in der Großstadt Bonn nicht mehr verloren.

Bald konnte die erste ökumenische Trauung stattfinden. By the way: Wie schon früher erwähnt ist dieser ganze Kirchenteil herausnehmbar, damit der Gleiswendel in den Häusern besser zugänglich ist.

Dafür habe ich mir ein spezielles Gestell aus ein paar im Baumarkt erhältlichen Stützen und ein paar Brettern zusammengezimmert

Immer noch wirkte die Kirche im Vergleich zu den umliegenden Häusern zu klein und da ich an ihr selbst nichts mehr verändern konnte und auch wollte, kam nur eine Erhöhung des Untergrunds in Frage.

Ein Treppenwitz?

Kein Treppenwitz, aber ein Treppenproblem tauchte auf:

Wenn der Kirchenhügel erhöht würde, verlängerte sich zwangsläufig auch die Treppe und auf und mit ihr sollte nun ein neuer Weg beschritten, erklommen werden.

Nicht lange davor hatte ich die vielfältigen Einsatzmöglichkeiten der Wellpappe entdeckt. Ich meine hier nicht die ordinäre Kartonwellpappe, die sich bestenfalls zur Herstellung von gepflügten Modellbahnfeldern eignet.

Gemeint ist die filigranere Bastelwellpappe, die es in Kunst- und Bastelabteilungen von Kaufhäusern in vielen Farben gibt.

Grau, teurer Freund, ist alle Theorie, aber hier auch praktisch fiel die Wahl auf graue Wellpappe. Diese wurde auf ein Brett geklebt und anstelle der alten sechsstufigen Treppe in den Kirchenhügel eingebaut.

Und siehe da, die Wirkung ist verblüffend und die Optik stimmt so, wie ich es mir vorgestellt habe.

Sonst wurde an der Landschaft meiner Anlage nichts verändert.

Up, up and away in my beautiful balloon

Lediglich ein inzwischen von einem Bausatzflughafen gestarteter Heißluftballon gibt den Preiserlein neue Aussichtsmöglichkeiten.

Oh, Bus!

Dann brachte die Solinger Firma „Wilkinson“ - bekannt für scharfe Sachen – als Werbegeschenk zuerst den aktuellen und kurze Zeit später den historischen Solinger O-Bus in 1:87 heraus.

Diesen baute mir ein Frickelfreund für das Faller-Car-System um und kurze Zeit später gab es ihn sogar mit funktionierender Oberleitung im Handel.

Also plante ich den Umbau meiner Gräfrather Brawa-O-Busstrecke auf dieses System, wollte aber noch an einer Möglichkeit tüfteln, den Brawa-O-Bus aus Nostalgiegründen parallel fahren zu lassen.

Und weitere Pläne gingen, wie früher schon angedroht, in Richtung eines Nachbaus von Schloß Burg, das letztlich diese Burg ersetzen sollte.

Das Ganze war auch schon von meiner lieben wesentlich besseren Hälfte genehmigt, die seit dem Erscheinen meiner Bücher erfreulicherweise immer mehr Verständnis für mein Hobby zeigt.

Ob das ursächlich damit zusammen hängt, dass ich Ihr von dem verdienten Honorar eine Maledivenreise geschenkt habe, die dann zwar wegen eines Tsunamis buchstäblich ins Wasser fiel, möchte ich nicht näher erörtern.

Ihr Verständnis manifestiert sich besonders an Geburtstagen und Weihnachtsfesten durch solche Geschenke wie dem „Blue star" oder dem Vt08 als Weltmeisterschaftszug von 1954.

Denkste!

Aber dann kam alles ganz anders, und meine Modellbahnerkarriere nahm einen völlig neuen Verlauf, von dem ich nicht zu träumen gewagt hätte.

Es fing alles ganz harmlos an.

Modellbahn-Besuch hatte sich angekündigt. Wie so oft an meinem freien Mittwochnachmittag wollten 2 Modellbahner – dieses Mal aus dem nahen Wuppertal – meine Anlage mal live erleben.

Außer durch meine Bücher waren meine Filme „Das selige Modellbahnlächeln", „Glückstädter Nudeln" und „Endstation Gräfrath" inzwischen unzählige Male von allen möglichen Fernsehsendern ausgestrahlt worden. Das führte immer wieder zu Anfragen, ob man meine Anlage nicht mal besichtigen könnte. Und das gewähre ich mit einem gewissen Lächeln nach Absprache gerne.

Es kamen also an jenem schicksalsträchtigen Nachmittag ein gewisser Herr Jürgen Kuntze und ein Herr Ralf Plöcks, mit dem üblichen modellbahngeilen Blick, behängt mit Foto- und Videokameras.

Nach einer üblichen durchschnittlichen Vorführung meiner Bahn mit den nach Murphys Gesetzen zwangsläufig und mit statistischer Präzision eintreffenden Pannen kam es zum unter Modellbahnern üblichen Klönen. „Klönen" gilt in unserer Gegend als lockeres Gespräch über irgendein Thema, und man braucht hier nicht lange zu erörtern, welches es dieses Mal war.

Hätte ich geahnt, dass dieses anfangs harmlose Klönen zu einer schwerwiegenden Infektion meiner zarten Modellbahnerseele mit langwierigem, ja chronischem Verlauf führen würde, führe ich heute wahrscheinlich „stoffsammelnd" durch die Lande und würde alle möglichen Modellbahner mit Video- und Fotokamera behängt besuchen, über die ich schreiben wollte. Das bleibt mir jetzt für spätere Bände vorbehalten.

2. Auf zu neuen Ufern

Boh, ey Wuppertal zum Zweiten

Jürgen erzählte mir von seiner Idee der „Wuppertal-Achse". Aufmüpfige Modellbahner mutmaßten beim ersten Auftreten dieses Begriffs in der Folgezeit in gewissen Foren (es war so Anfang 2005), dass es sich hierbei um eine speziell in Wuppertal gefertigte Wagenachse handeln könnte, aber auch eine Art „Achse des Bösen" im Sinne eines Keils zwischen Gleich- und Wechselstrombahnern war in der Diskussion. Und daß das von Wuppertal ausgehen musste war Kennern dieser Stadt völlig einleuchtend.

Wuppertal war ja einst Hochburg mannigfaltiger Sekten und auch Mitursprungsort politischer Glaubensrichtungen – ich verweise nur auf Friedrich Engels – und somit für revolutionäre Dinge gut.

Nein, weit gefehlt, die „Wuppertal-Achse" hat etwas mit der geographischen Besonderheit dieser Stadt und der daraus folgenden einzigartigen Verkehrssituation zu tun. Diese einzigartige Verkehrssituation hat ja in dieser – wie oben angeführt revolutionsbereiten – Stadt zu solch einzigartigen Verkehrsmitteln wie der bekannten Schwebebahn geführt.

Für Ortsunkundige sei kurz erklärt: Wuppertal liegt wie ein langer Knochen aus Bau- und Verkehrswegesubstanz eingezwängt in einem Tal – wie schon der Name sagt. Die Knochenverdickungen sind die lange verfeindeten Teilstädte Elberfeld und Barmen, mit davor und dahinter liegenden Beulen, wie Vohwinkel, Sonnborn oder Langerfeld. Ob deshalb eine Straße den Namen „Beule" trägt, entzieht sich meinen Stadtgeschichtskenntnissen. tellenweise wird durch die Berge die Stadt so eingeengt, dass nur noch Platz für eine Straße mit einer Häuserzeile, die Wupper mit der Schwebebahn darüber und die Eisenbahn daneben ist.

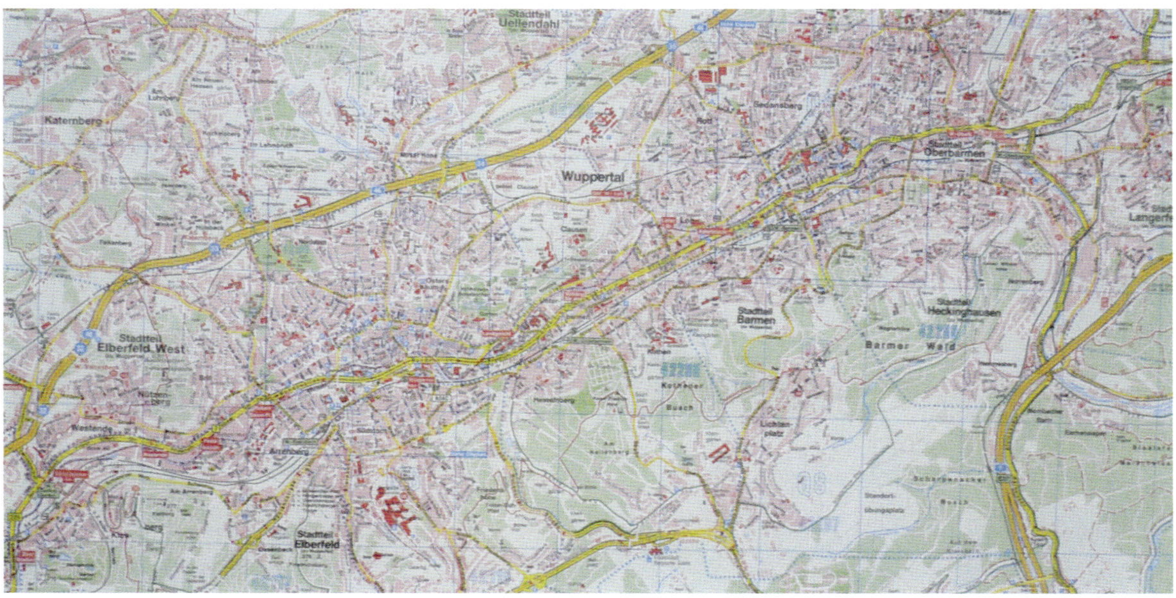

Hier ist die gemeinte Achse am deutlichsten sichtbar.

Jetzt ahnt der verblüffte Leser schon, was diese Wahnsinnigen vorhatten: den Modellnachbau dieses Verkehrsachsenteils der Stadt Wuppertal von Vohwinkel bis Oberbarmen in 1:87, umgerechnet 140 Meter lang, mit folgenden Achsenteilen:

1. Wupper
2. Schwebebahn
3. Straße mit Straßenbahn und Car-System
4. Eisenbahn
5. aller Bebauung beidseitig dieser „Achse" bis zu einer Modellbreite von maximal 4 Metern.

Und damit noch nicht genug. Um das Ganze zu würzen sollte alles in der Zeit von 1930 spielen. Das wäre geschichtlich interessanter und von der Konstruktion her eine besondere Herausforderung.

Jürgen und Ralf überlegten, einen Verein zu gründen und ich sei doch sicher am Mitmachen interessiert.

Erst einmal drehte sich mir der Magen um. Diese gigantomanischen Verrückten!

Nie und nimmer! Nicht doch... doch...doch... **doch**

Irgendetwas hatte die Idee, das mich nicht mehr losließ. Hier wurde ein Modellbauprojekt nach einem historischen, realen Vorbild geplant, das es in dieser Art und Größe nirgendwo in Deutschland gab. Vergleiche mit anderen Großanlagen wie dem Miniatur-Wunderland in Hamburg oder der LOXX-Anlage in Berlin erscheinen mir völlig fehl am Platz, weil diese zwar teils an Vorbildsituationen angelehnt, aber prinzipiell reine Phantasieanlagen sind. Außerdem sind das beides Profianlagen, mit denen wir nicht konkurrieren können und auch nicht wollen.

Sehen Sie, da ist es schon passiert, ich spreche schon im „wir"-Ton.

Also wurde ich auch so ein gigantomanischer Verrückter.

Und für die Wuppertal-Achse wurden vor allem Häuslebauer gesucht, da bei dem Konzept auf keinerlei Bausätze zurückgegriffen werden konnte.

Wie aus meinen bisherigen Büchern bekannt, habe ich mich nach dem Austoben im herkömmlichen Bausatzbau zum einen im kisbashing, zum anderen beim Bau der Schieferhausstadt Solingen-Gräfrath erstmals im Hausmodelleigenbau nach realen Vorbildern versucht.

Und in Wuppertal, das mit seinem Stadtteil Vohwinkel direkt an Gräfrath angrenzt, setzt sich dieser bergische Schieferhausbaustil unverändert fort. Schieferhäuser hatte ich auf meiner Pfanne,

die konnte ich, modellbahnmäßig gesehen.

Daß ich mich bei der Wuppertalachse aber zum Modellhausbaumeister gleich welchen Haustyps entwickeln würde, konnte ich nicht ahnen und möchte das unter anderem hier weitergeben.
Ich erfuhr ein „learnig by doing“, übersetzt „Lernen durch machen“ und war verblüfft, wie einfach manches dabei ist.

So wage ich ganz frech zu behaupten:

Diese Art Modellbau ist für jedermann erlernbar und außerdem noch extrem preiswert.
Damit werde ich höchstwahrscheinlich den Groll aller Bausatzhersteller auf mich ziehen, aber damit kann ich leben.

Gräfrath
Kr. Solingen

Die Wuppertal-Achse

Wie ging es aber nun mit der Wuppertalachse los? Wenn in Deutschland mehr als 3 Leute zusammensitzen, dann gründen sie einen Verein. Und wir waren 7 auf einen Streich und taten diesen verheißungsvollen Schritt im März 2005, unterstützt von etwas vergorenem Gerstensaft.

Und nicht nur der Gerstensaft verursachte bei mir wieder ein seliges Modellbahnerlächeln, sondern auch die Freude darüber, hier unheimlich nette Vertreter unserer Spezies kennengelernt zu haben.

Bald stellte sich heraus, daß so jeder sein Spezialgebiet hatte. Jürgen, den „Erfinder" der Wuppertal-Achse, habe ich bereits erwähnt. Dann gab es da noch Ralf, einen Technik-Frickler, der sich von kleinen elektronischen Basteleien bis zur Konstruktion belastbarer Anlagenstützen an alles heranwagt, Jens und Dirk, Computer-Freaks, die sowohl die PC-Steuerung der Anlage, als auch unsere Internetpräsenz in Angriff nehmen wollen, Andre, einen Schwebebahnbauer und Christian, einen Modellhausbaumeister, der seinesgleichen sucht.

Nachdem sich in Wuppertal erst einmal unser Projekt herumgesprochen hatte, konnten wir uns vor Hilfsangeboten in dieser Richtung kaum mehr retten. Von der Stadt Wuppertal, der Universität, dem Bergischen Geschichts- und vielen anderen Vereinen und unzähligen Wuppertaler Bürgern bekamen wir derart viel Plan- und Fotomaterial, dass wir fast eine eigene Stadtbildstelle gründen konnten.

Unter anderem verfügen wir jetzt für unsere gesamte Modellstrecke über eine lückenlose Aneinanderreihung von Luftaufnahmen aus der Vorkriegszeit. Alte Adressbücher und Straßenverzeichnisse lassen rekonstruieren, welche Läden sich in einzelnen Geschäftshäusern befunden hatten.

Wir bekamen sehr bald die Gemeinnützigkeit zuerkannt und freuten uns seitdem über reichliche Spenden. So war es auch bald möglich, größere Räume in leerstehenden Teilen der alten Wuppertaler Seifenfabrik „Luhns" anzumieten.

Die Firma Luhns liegt in der Schwarzbach (so heißt die Straße), die genau in Höhe des Oberbarmer Endbahnhofs der Wuppertaler Schwebebahn beginnt. Da lag es nahe, mit dem Modell-Nachbau dieser Region zu beginnen.

Welcher Teufel hatte uns geritten, unser Modell in der Zeit von 1930 spielen zu lassen? Das hört sich ja erst einmal toll an. Nostalgie ist angesagt, aber was wissen wir wirklich über diese Zeit und wie bekommen wir Material, das wir zur Vorlage für unsere Modelle verwenden konnten?

Dabei kam es beim Modellnachbau zu durchaus witzigen Situationen. Als wir zum Beispiel ein Eckhaus nachbauten, von dem wir auf einem alten Foto die Reklameaufschrift „Küch..." erkennen konnten und ein Küchengeschäft bauten. Ein alter Wuppertaler holte uns dann bei einem Besuch aus unserem nostalgischen Illusionshimmel, indem er uns erklärte, dass es sich dort um das Modehaus „Küch" gehandelt hatte. Aber ich will nicht vorgreifen, denn da werden noch mehrere Anekdoten dieser Art kommen.

Zeitverschiebung

Ursprünglich hatten wir uns eine Zeit um 1935 ausgesucht. Das war wohl etwas blauäugig. Wir hatten nämlich nicht bedacht, welche modelbauerischen Konsequenzen dieser eigentlich nur kleine Zeitunterschied von nur 5 Jahren bedeutete.

Stutzig wurden wir, als die ersten Besucher uns fragten, ob wir kleine Hakenkreuze, entsprechende Fähnchen und andere Accessoires aus dieser unseligen Zeit brauchen könnten. Wir hätten ja schon aufmerksam werden müssen, als wir ein Wuppertaler Straßenverzeichnis aus der Zeit nach der „Machtergreifung“ vor uns hatten:

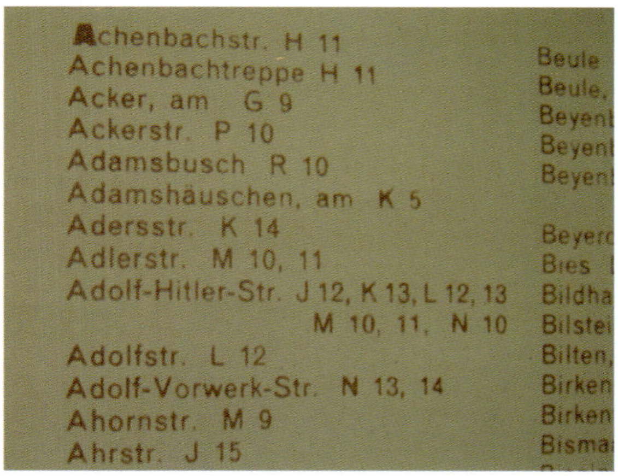

Achenbachstr. H 11
Achenbachtreppe H 11
Acker, am G 9
Ackerstr. P 10
Adamsbusch R 10
Adamshäuschen, am K 5
Adersstr. K 14
Adlerstr. M 10, 11
Adolf-Hitler-Str. J 12, K 13, L 12, 13, M 10, 11, N 10
Adolfstr. L 12
Adolf-Vorwerk-Str. N 13, 14
Ahornstr. M 9
Ahrstr. J 15

Beule
Beule,
Beyen
Beyen
Beyen
Beyer
Bies
Bildha
Bilstei
Bilten,
Birken
Birken
Bisma

Wir wollen auf unserer Anlage natürlich keine heile Welt darstellen, aber sich eine Zeit auszusuchen, die so sehr das Gegenteil einer solchen war, erschien uns doch zu problematisch und auch konfliktvorprogrammiert.

Modellbahner sind ja – wie schon beschrieben – ein eigenes, zuweilen recht kauziges Völkchen, die dem grausigen Alltag mit allen Katastrophen in ihre Modellbahnwelt entfliehen können und wollen.

Heile Welt

Wir Männer sind seit Urzeiten für unsere in den Höhlen kochenden Frauen auf der Jagd, verteidigen sie und meistern alle bösen Katastrophen der noch böseren Welt. Und aus irgendwie ähnlich gearteten archaischen Gründen ist die Modellbahn eine reine Männerwelt.

Ich verweise hier auf das Kapitel „Von Spielbahnern und Betriebbahnern“ in Band II Seite 42, wo schon als Kleinkinder das Mädchen Puppen und der Junge eine Eisenbahn geschenkt bekommt:

Und auf der Modellbahn haben wir Männer eine wunderbare Möglichkeit, der Unbill des Alltags zu entfliehen, indem wir unsere eigenen kleinen Katastrophen produzieren, – mal mit, mal ohne Murphys Hilfe – die dann relativ leicht zu beheben sind, indem wir eine entgleiste Lok mal eben schnell wieder auf die richtige Spur bringen.

In diesem Sinne regieren wir eine „heile Welt", die wir erschaffen haben und in der wir gottähnlich wirken können.

Umgekehrt sollte aber unsere „Wuppertal-Achse" nicht in einer so chaotischen Zeit spielen, in der eine auch nur ansatzweise heile Welt eigentlich unmöglich war.

So zog dann ein Besucher frustriert mit einem ganzen Karton voller kleiner 2. Weltkriegssoldaten und Armeefahrzeugen unter Absingen schmutziger Lieder wieder von dannen.

Epochal

Wunderbare Wortschöpfung, finden Sie nicht auch?

Epochen, speziell Bahnepochen sind für Modellbahner, die sich ernst nehmen – also alle – ganz wichtig. Ich verweise hier auf das Kapitel „Epochales" in Band I Seite 17.

Wir befinden uns mit der gewählten Zeit um 1930 in der Epoche II, die von 1925 bis 1949 ging. Erinnern Sie sich an die Sache mit den Epochenengeln und den Epochenteufeln?

Wenn wir uns von 1930 nur ein paar Jahre weiter nach vorne orientiert hätten, würden wir Gefahr laufen, Epochenteufel im doppelten Sinne zu werden.

Viele rieten uns, doch die Zeit kurz nach Kriegsende oder den Beginn der 50er Jahre zu nehmen, aber das wäre von den Bauten her eine wirklich kaputte Welt gewesen, denn auch Wuppertal wurde im Krieg großflächig zerstört.

Wir hätten zwar weniger zu bauen gehabt, denn ein Trümmergrundstück ist einfacher zu realisieren, als ein intaktes Haus, aber gerade von letzteren gab es im Vorkriegs-Wuppertal so schöne, daß wir hier eine Möglichkeit gefunden haben, die „gute alte Zeit" wieder auferstehen zu lassen. Und das ist vielleicht auch etwas für den Geschichtsunterricht. Die Pisastudie ist vielen Deutschen ein Dorn im Auge. Und über das Lockmittel „Modellbahn" ließe sich vielleicht klammheimlich der eine oder andere Bildungsmuffel überzeugen.

Neulich las ich ein wahres Protokoll einer Prüfung der Industrie- und Handelskammer:

Prüfer: Wissen Sie, ob Deutschland eine Demokratie oder eine Monarchie oder eine Diktatur hat?
Azubi: Weiß ich nicht so genau, war früher ja alles anders.
Prüfer: Ja, früher waren wir auch mal Monarchie.
Azubi: Ja weiß ich, mit Hitler.
Prüfer: Nicht ganz, aber was ist mit heute?
Azubi: Das hat sich ja erst neulich geändert.
Prüfer: Das wäre mir neu! Wann soll sich das denn geändert haben?
Azubi: So mit Mauerfall und so.

Und deshalb müssen wir auch politisch werden, denn auch in der Zeit um 1930 gab es Politik, die aber leider in den letzten Zügen lag.

Und eine hochwichtige politische Person, die schon wesentlich früher gelebt und gewirkt hat wurde 1820 in Barmen (Preußen),dem späteren Wuppertal geboren:

3. Geschichten aus der Geschichte

Friedrich Engels

Sein Name begegnet einem auch im heutigen Wuppertal an allen möglichen Orten, sei es als Straßen- oder Vereinsnamen oder gar als Museum.

Oberlehrer Holbeck gibt kurz geschichtliche Nachhilfe:

Friedrich Engels, geboren am 28. November 1820 in Barmen, gestorben am 5. August 1895 in London – sorry Wuppertal, aber das macht noch mehr her – war ein deutscher Philosoph, Politiker und Sozialist, der zusammen mit Karl Marx die revolutionäre soziale Philosophie entwickelte, bekannt als „Marxismus".

Er wurde von seinen Eltern, der Vater war Textilfabrikant, in Barmen aufgezogen und besuchte das Gymnasium in Elberfeld.

Und sein Elternhaus ist heute nebst Nachbarhaus ein Museum, bekannt als „die Engelshäuser".

In diesem Stile gab es um 1930 und auch heute noch unzählige Häuser in Wuppertal und der geneigte Leser kennt ja noch meine Untaten aus Band 1, wo ich im Kapitel „Ein Dorf aus Pappe" den Bau solcher bergischer Schieferhäuser beschrieben habe.

Hier sah ich vor allem meine Aufgabe, ohne zu ahnen, daß sich das Aufgabenfeld später noch auf ganz andere Dinge ausweiten würde und fing munter mit dem Nachbau der Engelshäuser an.

Kopfzerbrechen bereitete mir die Fensterstruktur nur kurz, denn freudig - hier verweise ich auf die in Band 1 beschriebenen reizenden Verkäuferinnen – steuerte ich meinen geliebten Baumarkt an und besorgte mir Gewebeband. Das wurde mit weißer Abtönfarbe bestrichen und von hinten auf die vorher aus dem Karton ausgeschnittenen Fensteröffnungen geklebt.

Die Hauswände wurden nach der Schräginpappeeinschnittmethode „verschiefert".

Mit hinterklebten Plastikscheiben und den auf Papier ausgedruckten „Gardinen" sieht das Ganze von vorne schon recht ordentlich aus:

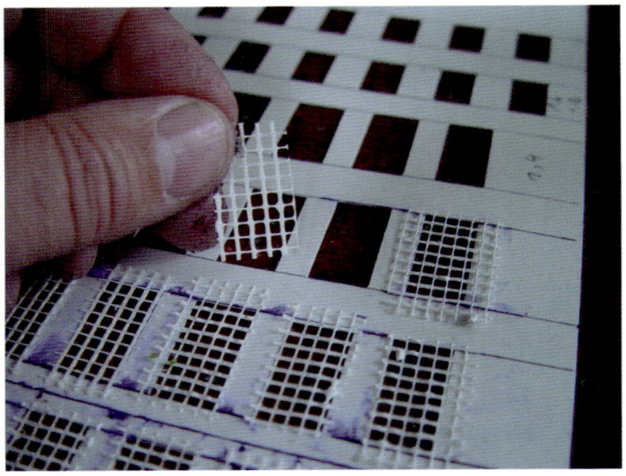

Zur Schrägpappeneinschnittmethode muß aber noch etwas Neues gesagt werden. Man lernt ja nie aus.

Beim genauen Betrachten einer so verschieferten Hauswand befriedigt zwar die richtige Struktur und Anordnung des „Schiefers", nicht aber dessen Dicke. Würde man nietenzählerische Maßstabsgenauigkeit an den Tag legen, hätten wir in natura Schieferplatten von mindestens Ziegelsteindicke.

Und das führte zur Erfindung der Schrägpapiermehrfachlageneinschnittmethode. Dieses Verfahren führt nicht nur zu einer maßstäblichen und damit optischen Verbesserung, sondern auch noch zu einer Arbeitserleichterung: Es lassen sich nämlich bis zu 8 Papierbögen sauber übereinandergelegt gleichzeitig im Millimeterabstand schräg einschneiden, und ich brauche

wohl nicht zu erklären, welche Zeitersparnis allein dadurch zustande kommt.

Hier wird an einem späteren Hausbauprojekt dieses Verfahren demonstriert:

Bei den Engelshäusern ist so das 2. Haus bereits mit einer Papier- im Gegensatz zur Pappschieferfassade entstanden. Auf dem Foto ist es das vordere Haus:

Aber nicht ganz so schnell, denn da sieht man schon das fertige Bastelergebnis und wundert sich sicherlich über die Arbeit der Dachdecker.

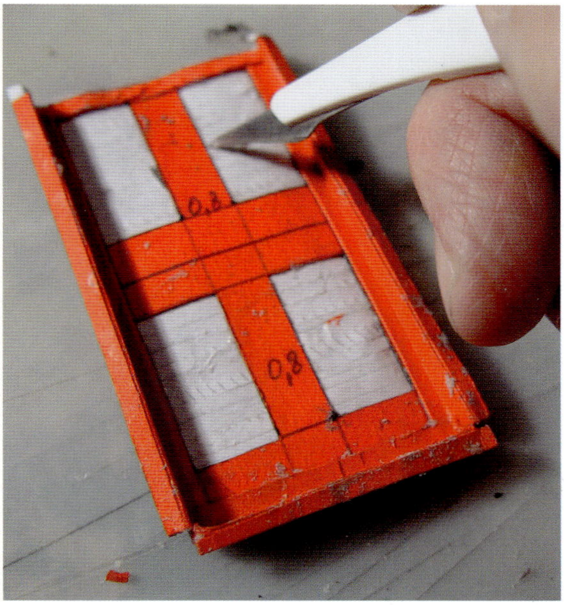

Zack Zack

Was haben Dachdecker und Schneider gemeinsam?

Außer daß beide einem Handwerk nachgehen wohl nicht so viel. Aber die Frage muß besser lauten: Was haben Modellbahner und Schneider gemeinsam? Vor allem wenn die ersteren ein Dach für ein Modellhaus bauen? Nun, die Überschrift gibt die Antwort: Eine Zackenschere.

Schneider benutzen sie zum Zuschneiden von Stoffen, und Modellbahner auch. Nur daß der Stoff von letzteren aufs Dach kommt.

Also, mal von vorne: Zuerst wird das Hausdach aus Pappe vorgeformt und dem Haus angepasst. Bei einfachen Dächern genügt das Knicken einer rechteckigen Pappe in der Mitte, und bei Walmdächern, wie sie die Engelshäuser haben, muß man an beiden Knickenden ein entsprechendes Dreieck herausschneiden und durch ein anderes Dreieck ersetzen. Hier jetzt genaue mathematisch Formeln für diesen Vorgang zu präsentieren übersteigt mein Schulwissen, und ich gestehe, daß ich es einfach nach der Methode „Probieren geht über Studieren" bewerkstellige.

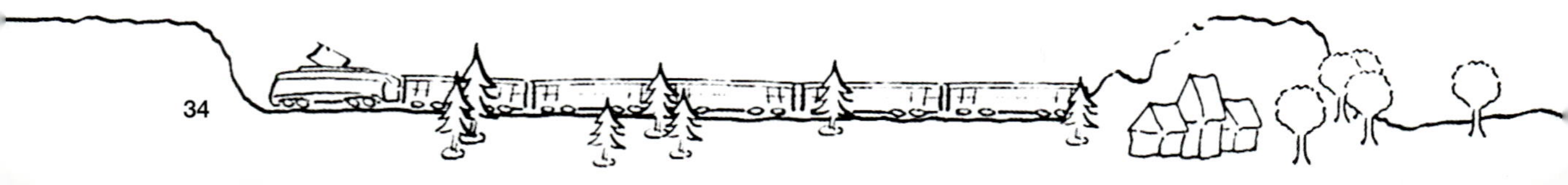

Hat man nun das Dach passend vorgefertigt, beginnt die eigentliche Zackenscherendachdeckerei:

Dazu werden aus einem Fotokarton – hier schwarz – mit der Zackenschere so viele Streifen abgeschnitten, wie man an Menge und Länge braucht.

Diese Streifen werden von unten nach oben mit Ponal-Express-Leim auf unser Pappdach geklebt. Dabei darf man ruhig etwas herummatschen und sauen, denn so dringt der Leim in jeden noch so kleinen Zwischenraum und trocknet mehr oder weniger farblos auf.

Letztlich wird das Dach sowieso noch mit Farbe gestrichen, nachdem man sich die leimverschmierten Finger ganz einfach mit klarem Wasser wieder gereinigt hat.

Beim Ausschneiden und Aufkleben der Zackenstreifen ist es wichtig, keinen Versatz zu schneiden und so zu kleben, daß immer eine Zackenspitze genau über einem Zackental der darunter liegenden Reihe fixiert wird. Also Zack auf Zack.

Wenn man dann so zufrieden lächelnd und leimverschmiert oben am Knick angekommen ist, braucht das Ganze einen Abschluß. Hier kann man es sich einfach machen und einen mittig geknickten schmalen Pappstreifen von wenigen Millimetern Breite ankleben:

Oder man macht sich ein wenig mehr Mühe und schneidet diesen Pappstreifen in etwa zentimeterlange Stücke:

Es empfiehlt sich, jetzt vor dem nächsten Arbeitsschritt nicht zu niesen oder zu husten.

Schnell mit Leim überlappend eine ganze Reihe „Dachreiterchen" aufkleben und die Gefahr ist gebannt:

So waren erst mal die Engelshäuser fertiggestellt und ich dachte, das könnte für mich so weitergehen, mit dem Bau von Fachwerk- oder Schieferhäusern, die anderen Stadthäuser sollten ruhig andere bauen. So dachte ich, und wie sich bald herausstellte, völlig falsch.

Inzwischen hatte auch der Bau der eigentlichen Anlage begonnen und da wollte ich doch bei der Herstellung der Wupper mithelfen, schließlich hatte ich auf meiner in Band 1 und 2 vorgestellten Heimanlage auch meine Wupper nebst Schwebebahn realisiert.

Dabei hatte ich beschrieben, daß man relativ ruhig fließende Gewässer folgendermaßen im Modell herstellen kann:

Strukturtapete mit Rauhfaser wird verkehrtrum auf einen glatten Untergrund geklebt, mit der gewünschten Wasserfarbe angestrichen und mit mehreren Schichten Klarlack überzogen.

Nach dieser Methode gibt es bei mir außer der Wupper einen Hafen, einen See und einen amerikanischen Canyonfluß.

Die Wupper auf unserer Anlage sollte aber wie das stinkende Vorbild eine bewegtere Oberfläche erhalten. Da sie ja letztlich bei unserem größenwahnsinnigen Vorhaben einhundertvierzig Meter lang werden sollte, schied Gießharz sowohl von der Oberflächenstruktur, als auch vom Preis her aus.

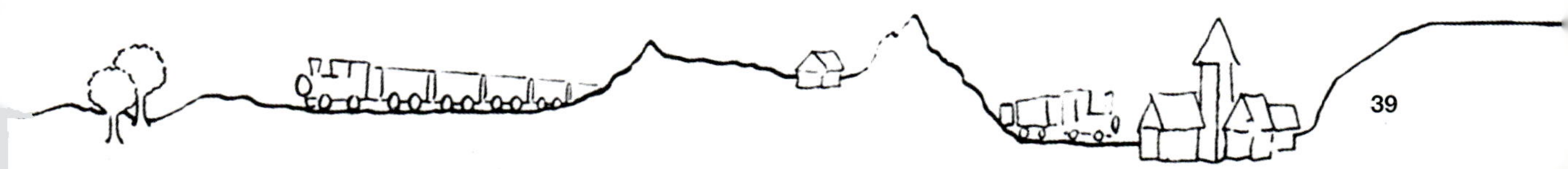

Über die Wupper

Erst einmal mußten wir für unser Vorhaben mal wieder einen Kompromiss eingehen. Über die ganze Strecke von Oberbarmen bis Vohwinkel hätte die Wupper auf den Maßstab von 1:87 umgerechnet ein Gefälle von über einem Meter. In Natura merkt man davon außer durch die Tatsache, daß die Wupper nur in eine Richtung fließt, also ein Gefälle haben muß, reichlich wenig. Also beschlossen wir, aus praktischen Gründen uns auch nichts anmerken zu lassen.

Unpraktisch und wenig publikumsfreundlich wäre es nämlich, die Besucher zum Erklettern aufwändiger Treppenkonstruktionen im Oberbarmenabschnitt, oder umgekehrt gedacht, im Vohwinkelteil zum Betrachten einer Anlage auf den Fußboden zu bitten. Unsere Anlage wird also kein Wuppergefälle haben und interessanterweise hat es bisher auch keiner bemerkt, daß das so ist.

Da hatte Jürgen die Idee, mit Tapetenkleister und etwas aufgeweichtem Papier die Modell-Wupperoberfläche schlichtweg hinzumatschen. Das ist unbeschreiblich und man muß es einfach erlebt haben. So kann ich hier nur jedem dieses preisgünstige Experiment mit einigen Vorsichtsmaßnahmen, wie zum Beispiel Schicken der

Ehefrau zum Einkaufsbummel, Tragen von Arbeitskleidung und großflächigem Abdecken der umliegenden Wohnungsareale empfehlen.

Nur so zum Spaß hatten wird mit einfacher Wasserfarbe nach dem Trocknen unsere Wupper geschönt und erst einmal mit der Leberwurstmethode mit der Ufergestaltung begonnen.

Die Leberwurstmethode wurde in Band 1 unter „Und das hat was mit Leberwurst zu tun“ ausführlich beschrieben. Für den geneigten Leser, der Band 1 nicht kennt und ihn sich partout nicht noch kaufen will, hier noch mal eine Kurzbeschreibung:

Man mischt Ponal-Holzleim mit Wasser im Verhältnis 1:1, gibt grüne Abtönfarbe hinzu und schaufelt dann unter Umrühren so lange fein gesiebtes Sägemehl hinein, bis eine leberwurstartige Spachtelmasse entsteht. Diese ist zuerst hellgrün, wird aber beim Trocknen dunkelgrün. Während des bis zu mehreren Tagen dauernden Trocknungsvorgangs kann sie noch wunderbar bearbeitet und mit Flocken, Gras- oder Streumaterial in eine bretthart Landschaftsform gebracht werden.

Alles was so mit dieser Masse in Berührung kommt „wächst“ mit der Zeit richtig fest. Als nächstes folgte die Oberflächengestaltung der Wupper zuerst als Farbexperiment, was wir aber noch nicht wußten. Grüne Abtönfarbe wurde aufgetragen und mit kleinen Steinchen, Sand und Schilfgras garniert.

Dann folgten mehrere Schichten Klarlack, wodurch sich alle vorher eingeschmissenen oder aufgestreuten Teile fixierten:

Jetzt waren wir zwar mit der Oberfläche zufrieden, aber nicht mit der Farbe und erklärten das bisherige Schaffen frech als Experiment. Und wieder mal ist Grau nicht nur alle Theorie, sondern auch unser weiterer Weg, will meinen, der Wupperweg. Mit einem grauen Abtönfarbengemisch und erneuten Klarlackschichten kamen wir zu dem gewünschten Ergebnis:

Shell
Hapag-Lloyd
Hapag-Lloyd

Von Tüten und Gras

Keine Angst, hierbei handelt es sich nicht um eine Exkursion nach Amsterdam, sondern nur bis zu den Mauern an der Wupper.

Es werden noch viele Mauerherstellungsverfahren folgen, hier aber erst einmal die sicherlich vielen Modellbahnern bekannten Spoerleformen benutzt.

Wir hatten uns eine passende Form ausgesucht und mit Gips genügend Mauern gegossen, die passend zugeschnitten am Rande des Wupperbettes befestigt wurden.

Jetzt kam der etwas schwierigere Teil der Sache, nämlich das Mischen des richtigen Farbtones. Nach mehreren Versuchen mit verschiedenen Farbvarianten, bekam die Mauer dann ihr steinernes Outfit.

Da dieser Mauerbereich unterhalb des Endbahnhofs der Schwebebahn liegt, herrscht dort auch im Sommer immer feuchtes, kühles Klima, was den Mauerbewuchs durchaus fördert. Nur, wie kommt das Gras an unsere Modellmauer?

Dazu dreht man aus Papier eine Tüte, füllt etwas Gras hinein und bläst – nicht ziehen !- das Gras auf die noch feuchte Mauerfarbe. Die Fasern bleiben fast waagrecht in der Farbe stecken und bilden jetzt den gewünschten Mauerbewuchs.

Unterhalb des Endbahnhofes der Schwebebahn befindet sich auf der linken Seite des Wupperufers auch der Zufluß des Murmelbaches.

Und wo ein Bächlein murmelt wird leider auch hier und da etwas weniger murmelnd in die Wupper eingeleitet. Der Barkeeper meiner Lieblingskneipe wundert sich immer, wenn ich einen Trinkhalm nach dem Genuß meines Lieblingscoctails „Sex on the Beach" in meine Tasche stecke. Er ahnt ja nicht, zu was selbiger zweckentfremdet werden kann:

Nun ist ein solches Szenario für die Wupper überall typisch. Mehrfach habe ich schon über die nicht so ganz stubenreinen Geruchsbelästigungen entlang dieses Flusses in der Vergangenheit geschrieben. Heute ist dank des

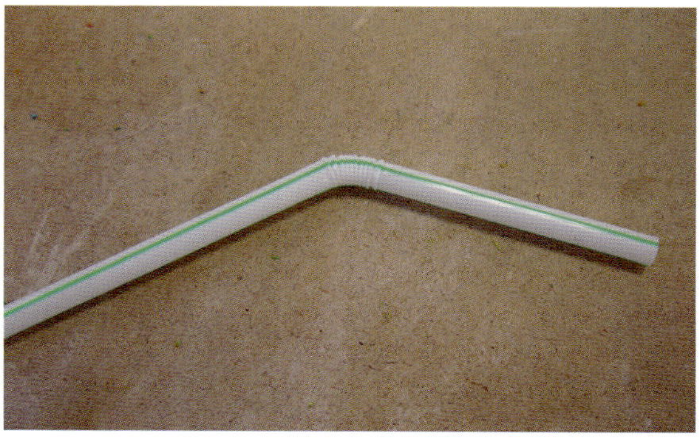

verbesserten Umweltschutzes und zusätzlicher Kläranlagen nicht nur ein Spaziergang an der Wupper ein ungetrübter Genuß, sondern der Fluß selbst ist so ungetrübt, daß sich schon wieder ein ordentlicher Fischbestand gebildet hat.

In den 30er Jahren war die Wupper allerdings eine stinkende grau-braune Brühe, wie auch schon Hermann Hesse beschrieben hat.

Repräsentativ war aber für Wuppertal gottseidank außer der Schwebebahn eine gewachsene Architektur, von den typischen Fachwerk- und Schieferhäusern bis hin zum Jugendstil.

Und herausragend gab es da eine Menge stattlicher Bauten, darunter viele öffentliche Gebäude, Rathäuser, Theater und Museen.

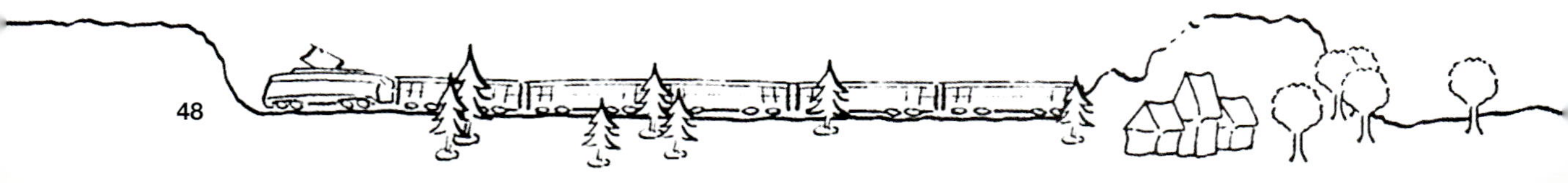

4. Zum Ruhme drängt...

Jürgen......!!!!!!

Ausgerechnet hier fängt dieser Mensch schon wieder mit solch größenwahnsinnigen Ideen an: „Wir müssen da solch einen Repräsentativbau als Publikumsattraktion schon mal vorab bauen, und ich habe da auch schon etwas vorbereitet."

Wann hatte er denn dafür schon wieder die Zeit gefunden?

Er zeigte uns stolz seinen Rohbau der Wuppertaler „Ruhmeshalle" und schaute mich dabei immer wieder herausfordernd an.

Mir als Solinger war die „Ruhmeshalle“, in der sich heute das „Haus der Jungend“ befindet, völlig unbekannt und nahm ich erst einmal Nachhilfe im Geschichtsunterricht.

Ruhmeshalle

Im Dreikaiserjahr 1888 wurde von den Barmer Stadtverordneten die Schaffung eines Denkmals in Gestalt einer Ruhmeshalle zu Ehren des deutschen Kaisers Wilhelm I. beschlossen. Diese Halle sollte in ihren Räumlichkeiten sowohl an die ersten beiden Kaiser des deutschen Reiches, Wilhelm I. (1861–1888) und Friedrich III. (1888) erinnern, als auch als Ort für Geschichte und Kunst verstanden werden. Bis zum Jahrhundertwechsel wurde dann an dem großartigen Monument im klassizistischen Stil gebaut, bis es dann am 24. Oktober 1900 mit einem riesigen Zeremoniell vom deutschen Kaiserpaar höchstpersönlich eingeweiht werden konnte. Seit seiner Entstehung befindet sich hier die Barmer Stadtbibliothek. Damals boten die Räumlichkeiten des Baus Platz für die Sammlung des Bergischen Geschichtsvereins und für die Gemäldesammlung des Kunstvereins. Als Haus der Jugend beherbergt der Bau heute Jugendeinrichtungen, sowie Ausstellungssäle für Wechselausstellungen. Die ursprünglich große Dachkuppel wurde im letzten Krieg zerstört.

Dahingestellt hatte Jürgen für mich

Die Ruhmeshalle

und unübersehbar prangte vorne die Herausforderung schlechthin, das Relief.

Und an den Seitenflügeln und der Rückseite dieses Prachtbaus entdeckte ich weitere solche Herausforderungen.

Meine Frau schaute mich sehr seltsam an, als ich mit lauter kleinen Püppchen, Rittern, amputierten Preisermännchen, Innenleben von Überraschungseiern, Kerzenuntersätzen für Geburtstagskuchen, Plastiktieren und vielem mehr in Richtung Bastelabteilung verschwand.

Ich hatte mir nämlich gedacht, daß es bei der Modelldarstellung eines solchen Reliefs auf den Eindruck und nicht auf die Detailtreue ankommt, oder haben Sie jemals den Inhalt von Kapitellen griechischer Tempel oder klassizistischer Bauten wirklich im Gedächtnis behalten?

Also wurde hier ganz frech ein Hartschaumplattenrest mit dem Püppchensalat garniert, wobei sich die Figuren ganz leicht hineindrücken lassen und so automatisch schon eine Halbreliefstruktur entsteht. Den Rest besorgt dann ein darum herum geschmiertes Ponalbettchen.

Dieses zuerst etwas lächerlich wirkende Arrangement – meine Frau war jedenfalls ziemlich amüsiert – wurde an seinem vorgesehenen Platz eingeklebt. Nun gibt es an Kapitellen dieser Art immer eine in irgendeiner Form – ich nenne sie mal so – gezahnte Steinreihe. Diese habe ich durch kleine Würfelchen aus einem Hekidurstreifen geschnitten. Alternativ kann man sie auch aus einem dünnen Holzleistchen scheibchenweise absägen.

Mit den Reliefs auf den Seitenflügeln und hinten wurde bis auf die gezahnte Steinreihe genauso verfahren.

Da es in Wuppertal noch eine ganze Menge historischer Bauten mit Reliefs gibt habe ich vorsorglich mal ein paar weitere fabriziert, von denen

mir eines unserer Mitglieder Silikonabdrucke hergestellt hat, so daß ich in Zukunft durch Gipsausgießen derselben schneller zu den gewünschten Ergebnissen kommen kann.

Unter dem Relief enden die aus einfachen Rundhölzern hergestellten Säulen. Da habe ich dann mal steife Kabel a la griechisch-römisch zu Schnecken gedreht und garniert mit einer Kabelbinderschlinge den oberen Säulenabschluß gebastelt.

Und das oben wie unten:

Und dann kam das Heureka-Erlebnis. „Heureka" schrie irgendein berühmter griechischer Philosoph, als er eine Erleuchtung hatte, und es bedeutet wohl so etwa „Ich hab's!" Die Erleuchtung kam hier durch die Bemalung.

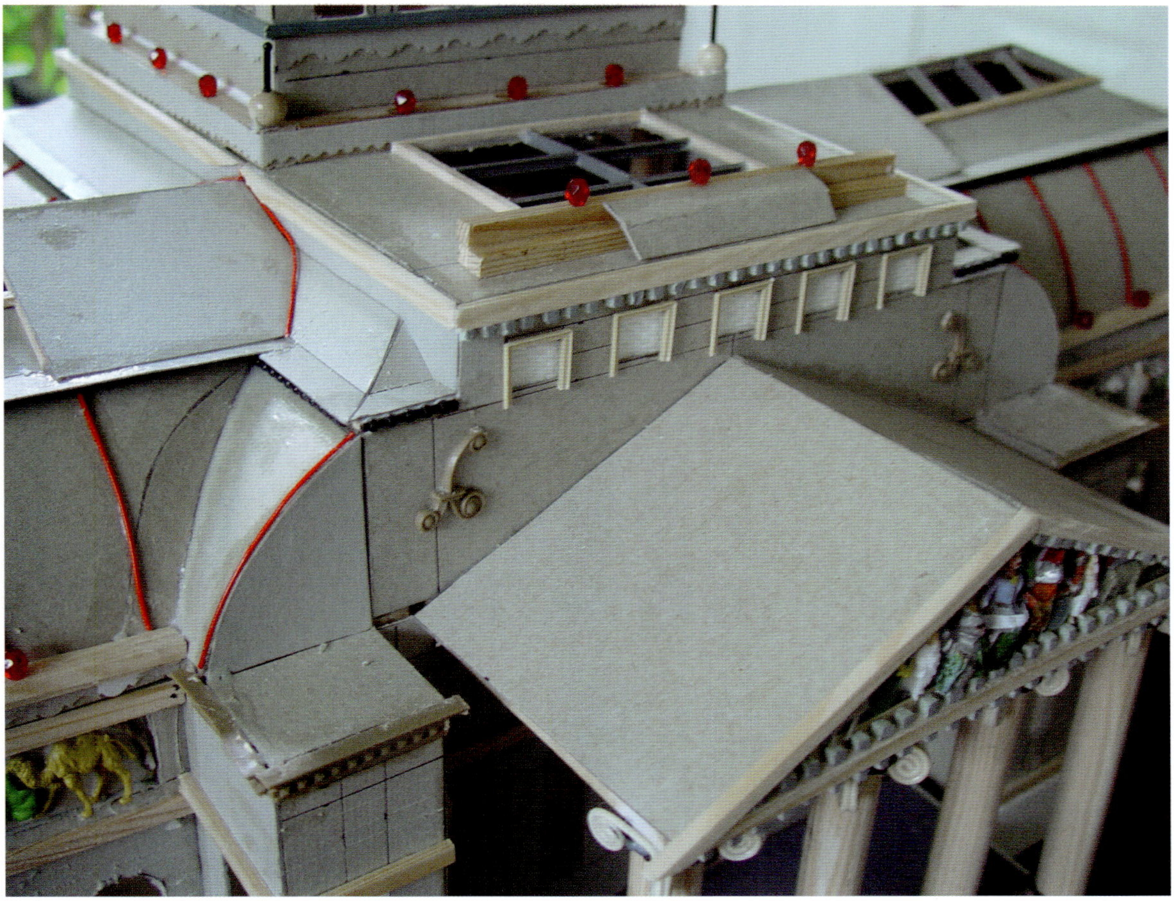

Die von Jürgen vorgebaute Ruhmeshalle verlangte eine ganze Menge neuer Modellbautechniken, die ich bis dato nicht probiert hatte. Die Wandgestaltung war eine Mischung aus angeklebten Hekidur-Mauerplatten, einem Einritzen der Mauerwerksstruktur mit einem Messer und/oder einem Kugelschreiber und dem Aufkleben aller möglicher „Verzierungen", die aus ganz anderen Bereichen kamen.

Da gab es zum Beispiel die kleinen Plastikblumenuntersätze, die man für Geburtstagskuchen als Kerzenhalter verwendet, Kabelbinder, Glasperlen, Knöpfe, Kabel und vieles mehr.

Kuppelei

Wenn es um Kuppelei geht, muß man immer sehr aufmerksam sein, denn sonst geht leicht etwas schief. Damit hier keiner auf abwegige Gedanken kommt, es handelt sich natürlich nicht um Facetten zwischenmenschlicher Beziehungen, sondern schlichtweg um die Kuppel der Ruhmeshalle. Und da waren wir bei der ersten Version wohl nicht ganz so aufmerksam gewesen. Aus einer Collage von Plastikstreben und Pappstreifen hatte ich eine abnehmbare Kuppel gebastelt.

In Grünspangrün lackiert zierte es auch erst die Halle. Dann aber fielen uns andere alte Fotos der Ruhmeshalle in die Hände und es wurde klar, daß wir uns in den Proportionen gehörig vertan hatten. Gut, dass das Ding zwecks Zugänglichkeit abnehmbar konstruiert war.

So wurde dann Version Nr. 2 in Angriff genommen, wobei das Innengerüst leicht durch das Plexiglas durchscheinen sollte. Zuerst wurde auch eine grüne Version getestet, wir haben uns dann aber doch für einen schwarzen Anstrich entschieden. So war zu guter Letzt alles bestens verkuppelt.

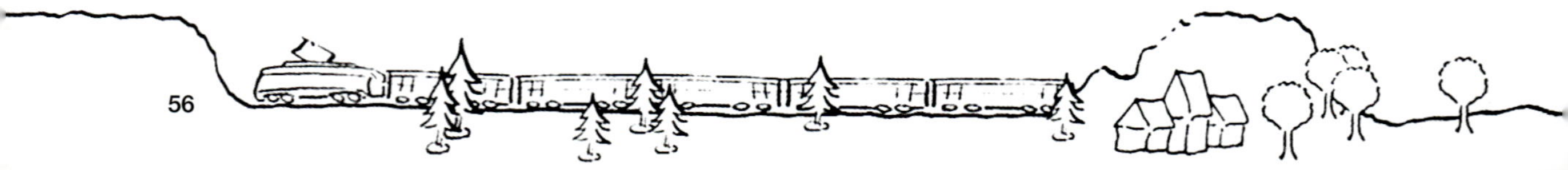

Ponal

Gans-Adler

Nun sind auf alten Darstellungen der Ruhmeshalle 2 Adler zu erkennen, die die Podeste beidseitig des Reliefs zieren:

Da ich nicht sonderlich begabt in der Bildhauerei bin und auch nicht über Fimo-Knetkünste verfüge, entfiel hier für mich der komplette Modellnachbau dieser Vögel, und eine Odyssee durch Warenhäuser und Spielwarengeschäfte begann, mit einer frustrierenden Suche nach Adlern aller Art. Diese Suche endete vorläufig vergeblich und meine leidgeprüfte Frau brachte mir 2 kleine Steingänse mit, die sie in irgendeinem Geschenkartikelladen mit den üblichen Stehrümchen erstanden hatte.

Diesen armen Vögeln wurden nun mächtige Schwingen angeklebt und dann erhielten sie noch eine schwarze Bemalung.

Der verzweifelte Darstellungskampf gipfelte dann in einem kupferfarbenen Anstrich, aber das war auch noch nicht das gelbe vom Ei, pardon vom Adler.

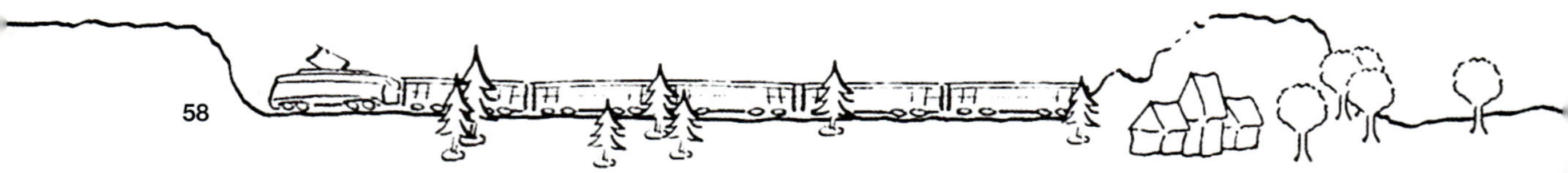

In Foren, wo allgemein meine Ruhmeshalle bewundert wurde bog man sich entsprechend vor Lachen und sprach von Trutadlern, Gansgeiern oder mutierten Hühnern.Da fand ich dann doch noch 2 Steinadler in der richtigen Größe, die die beiden armen Vorgeschöpfe in die Raritäten-Restekiste verbannten.

Im rechten Licht sollte aber auch das Innenleben der Ruhmeshalle erscheinen. Besonders des Nachts würde es bei den großen Fenstern nicht gut wirken, wenn da mehr oder weniger gähnende Leere zu erblicken wäre.

Also mußte die Inneneinrichtung eines Museums entstehen. Hier war dann wieder die Restkiste mit Rittern, Püppchen und Preiserleintorsos gefragt.

Man möge mir bei der nun endgültigen Darstellung der Ruhmeshalle einzelne Bilder mit den noch nicht ausgetauschten Gans-Adlern verzeihen, aber auf einen solchen Frühsommertag, an dem ich mein Werk zum Fotografieren im optimalen Licht in den Garten tragen konnte, ist eben kein Verlaß. Auch ist auf einigen Bildern noch die kleinere Kuppel zu sehen, die ich nach einer nicht so spektakulären Aktion wie die Adlermutationen ausgetauscht habe.

Daraus habe ich für die Zukunft gelernt, meine Bastelarbeiten des öfteren im Garten zu fotografieren. Sie werden also solchermaßen „getürkte" Aufnahmen im Folgenden immer wieder sehen. Aber es ist doch wohl erlaubt, seine Models im rechten Licht erscheinen zu lassen.

Daß solch eine Inneneinrichtung in Zukunft bei anderen Modellen auch eine Rolle spielen wird, kann ich hier schon androhen.

Jürgen hatte ihn auch schon lange angedroht, den Bau seines Thalia-Theaters, dabei konnte man keineswegs mutmaßen:

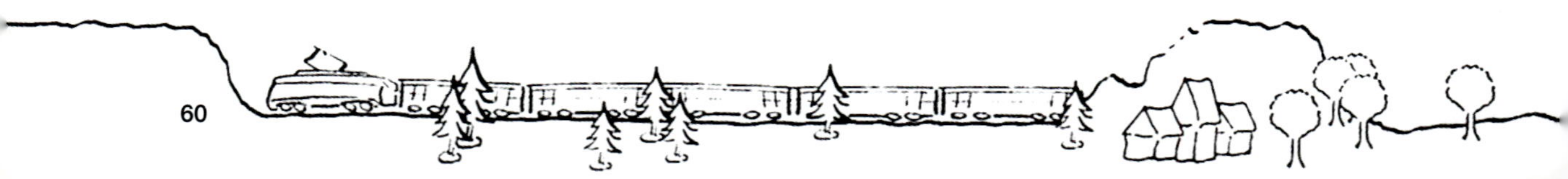

Alles nur Theater

Obwohl wir mit unserer Anlage den tatsächlichen Standort dieses alten Revue- und Filmtheaters in Elberfeld wahrscheinlich erst um 2020 erreichen werden, war er so verliebt in diesen Bau, daß er ihn vorziehen mußte. Dabei murmelte er etwas von Publikumsattraktion und so weiter.

1906 wurde das Thalia-Theater mit einem großen Gala-Prunkprogramm eröffnet. Für einen Klappsitz im dritten Rang bezahlten die Bürger damals 75 Pfennig und erlebten ein geradezu weltstädtisches Ereignis. Max Winterfeld, der später als Operettenkomponist unter dem Namen Jean Gilbert berühmt wurde, stand am Dirigentenpult einer 30 Mann starken Kapelle. Neben Revuenummern mit den hübschen langbeinigen Damen sorgten die Gebrüder Darras für eine aufregende Trapeznummer.

THALIA
Johanna von Orleans
EIN GROSSARTIGES HISTORISCHES GEMÄLDE

Und Jürgen baute ein Thalia-Theater, das jetzt bis 2020 als Einzelschaustück neben unserer Anlage bewundert werden kann.

Bevor ich aber über weitere von mir verbrochene Schandtaten berichte, muß nun endlich eine der Hauptattraktionen der Wuppertal-Achse geziemend gewürdigt werden. Das wird ein langwieriger Prozeß, gewissermaßen.

5. Auf und ab – und das seit über 100 Jahren

Ein schwebendes Verfahren

Wuppertal ist bekannt für die seit über 100 Jahren mit nur ganz wenigen Unfällen fahrende Schwebebahn, die speziell in dieser Stadt durch die besondere topographische Lage ein ideales Verkehrsmittel ist. Lange Zeit war sie das einzige Verkehrsmittel dieser Art in der Welt. Erst in neuerer Zeit gibt es eine moderne kleinere Ausgabe in Dortmund und eine selten funktionierende am Düsseldorfer Flughafen und – wie kann es anders sein – in Japan. In Chiba, einem Vorort von Tokio fährt auf einer 15,2 km-langen Strecke eine Schwebebahn auch durch enge Häuserschluchten und ebenfalls über einem Fluß. Man plant dort sogar eine Verlängerung auf 40 km. Wuppertal ist also nicht die einzige Stadt der Welt, wo ein erstaunter Blick oft nach oben geht:

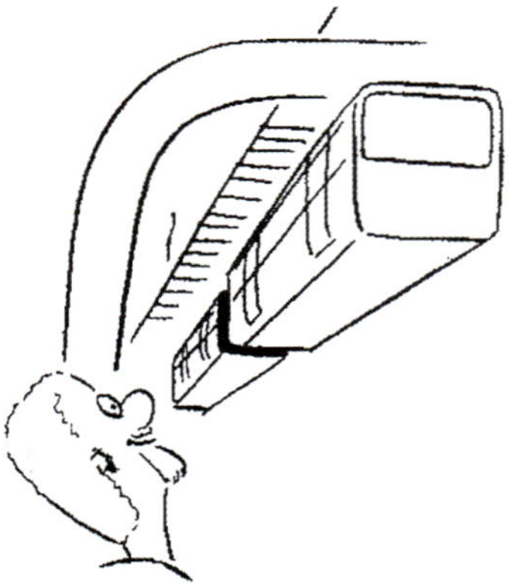

Der Reiz, die Talachse der Stadt Wuppertal im Modell nachzubilden, liegt zu einem erheblichen Teil bei ihr. Ich verweise hier auch auf die Schwebebahn der Firma Hielscher, die auf meiner in Band II vorgestellten Heimanlage munter ihre Runden dreht.

Ein solches Fertigmodell auf unserer Anlage fahren zu lassen, kam für uns sowohl aus finanziellen, als auch aus bastlerischen Gründen nicht in Frage. Es stand von Anfang an fest, unsere Schwebebahn selbst zu bauen, und mehrere unserer Mitglieder hatten auch schon erstaunliche Experimente hinter sich. Da verblüffte uns zuerst Manfred Lüppken, der zwei Dioramen mit typischen Wuppertaler Schwebeszenen der heutigen Zeit gebaut hat.

Da war einmal der Schwebebahnbahnhof Adler-Brücke:

Daß auf seinen Modellen auch der alte

Kaiserwagen zu bewundern ist, bedeutet keinen Anachronismus, denn dieser verkehrt auch heute noch regelmäßig als Museumsfahrt und kann sogar von Vereinen und Gruppen für eine Art Kaffeefahrt gebucht werden. So zeigte er stolz seine Eigenkreationen des Kaiserwagens und eines modernen Gelenkzuges.

Manfreds zweites Diorama stellt einen, die Wuppertaler sehr ärgernden seltenen Zustand der Schwebebahn dar, nämlich eine Baustelle. Wenn eine solche mal nötig ist, muß zwangsläufig auf andere Verkehrsmittel ausgewichen werden und an dem dann häufig auftretenden Verkehrschaos merkt man erst richtig die Wichtigkeit der Schwebebahn für diese Stadt.

övener
EDEKA
P

EDEKA

EDEKA

Andreas
Conrad
MALERMEISTER

Während Manfred mit dem Bahnhof Adler-Brücke einen Durchfahrtsbahnhof gebaut hatte, präsentierte uns Jürgen sein halbfertiges Modell des Endbahnhofes in Oberbarmen.

Vom Schwebebahnbau hatte Jürgen noch keine Ahnung, aber für alle Fälle sollten es künftige Modelle schon einmal gemütlich warm haben. Zur Bekräftigung malte Jürgens Tochter auch schon mal einen Gelenkzug:

Wuppertal

Wer aber wirklich Ahnung vom Schwebebahnbau hat, ist ein leider Nochnichtmitglied, Herr Klaus Hoffmann. Er lud mich zu sich nach Hause ein und mir gingen die Augen über.

Zuerst einmal von was ganz anderem. Ich wurde vom Nostalgiefieber gepackt. Herr Hoffmann besaß eine der schönsten alten – und ich meine wirklich alten – Märklinanlagen, die ich je gesehen hatte.

Und auf dieser Anlage verkehrte eine genau so alte Schwebebahn:

SHELL
ESSO

Daneben drehten auch auf kleineren Platten solche Altertümchen ihre Runden.

Und ein Sammelsurium von Modellen aller Größen bis hin zu echten Schwebebahnteilen,

Fahrpulten und Schaffnergeldbehältern, Wechsler genannt, verursachte bei mir zu Hause fast eine mittlere Ehekrise, weil ich alle Zeit vergaß und mich zu einem wichtigen Abendessen mit Freunden hoffnungslos verspätete.

WUPPERTALER 27 STADTWERKE AG

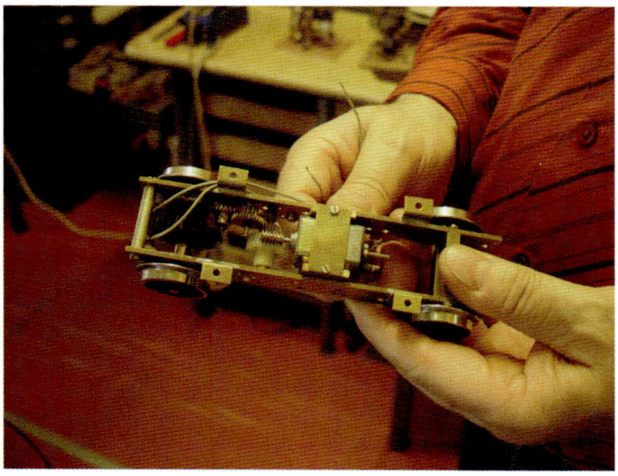

Als Krönung des Ganzen hatte Herr Hoffmann ein fahrtüchtiges Modell einer moderneren Schwebebahn in 1:87 auf einer mehrere Meter langen transportablen Platte montiert, das er auf mein Quengeln hin einfach mal zur Wuppertal-Achse mitbringen mußte.

An einem unserer ersten Besuchertage konnten wir uns so schon mit fremden Federn schmücken und einem staunenden Publikum eine funktionierende Schwebebahn präsentieren. Die fuhr dann zu allem Überfluß noch an meinem Modell des alten Gräfrather Bahnhofs vorbei. Wenn halt noch nicht so viel von unserem Projekt gebaut war, mußten wir ein wenig improvisieren.

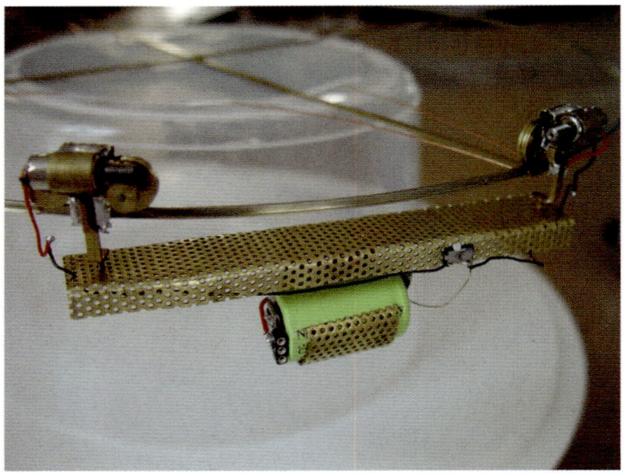

Improvisieren wollten aber Andre Jähnichen und Ralf Plöcks in Bezug auf unsere Schwebebahn überhaupt nicht, sondern etwas Grundsolides schaffen. Dazu gehört zuerst ein Experimentieren mit verschiedensten Rohstoffen und Antriebsarten. Harald Himburg, auch ein Nichtmitglied, aber häufiger Besucher der Wuppertal-Achse und Spezialist für Kleinst-

motörchen aller Art, gab uns wertvolle Ratschläge. Bald erkletterten Schwebebahnvorstufen Holzleisten mit irrealen Steigungen oder drehten ihre Kreise um zweckentfremde Kuchenformen sowie in von Harald gebauten Schaustücken:

Wagen wurden testweise sowohl aus Metall, als auch aus Kunststoff hergestellt.

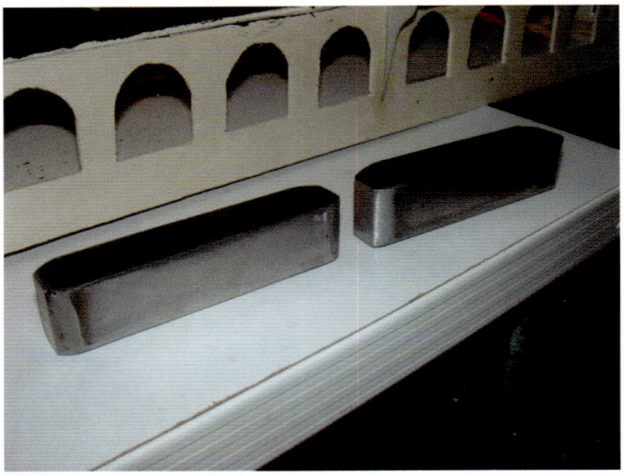

Hier muß ich mich gleich bei den Lesern entschuldigen, daß ich bei den Kunstwerken noch keine Details verraten darf, denn vielleicht soll das eine oder andere Verfahren vermarktet werden und da möchte ich mir mein Lächeln erhalten.

Nur soviel sei gesagt: Mit Hilfe einer CNC-Fräsmaschine konnten aus Resin, einem Kunststoff, die einzelnen Teile mit einer solchen Genauigkeit herausgefräst werden, daß Nietenzähler ihre wahre Freude daran haben, denn eben solche Nieten von Bruchteilmillimetergröße sind dabei sicht- und ertastbar.

Lackiert oder mit farbigen Aufdrucken beklebt ließen die Wagen schon Freude aufkommen.

Und bei den ersten Probefahrten sauste unsere Schwebebahn so schnell am Objektiv vorbei, daß wir sie gar nicht scharf auf's Foto bekamen. Das will ich hier aber als Mobilitätsbeweis mal so stehen lassen.

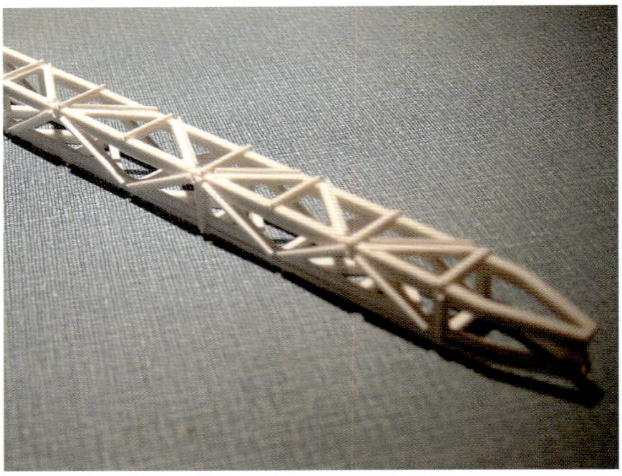

Ebenfalls aus Kunststoff wurden die Schwebebahngerüstteile, die Stützen und so genannten Brücken gefräst und dann schon mal über unserer Wupper aufgebaut.

Schon wieder kam nach der Lackierung mit der typischen Vorbildfarbe besonders bei Andre und Manfred Freude auf, und das auch während stundenlanger Testfahrten.

Ralf Plöcks erarbeitet sich so langsam bei uns seinen Spitznamen als „Stützen-Ralf“, weil er sich

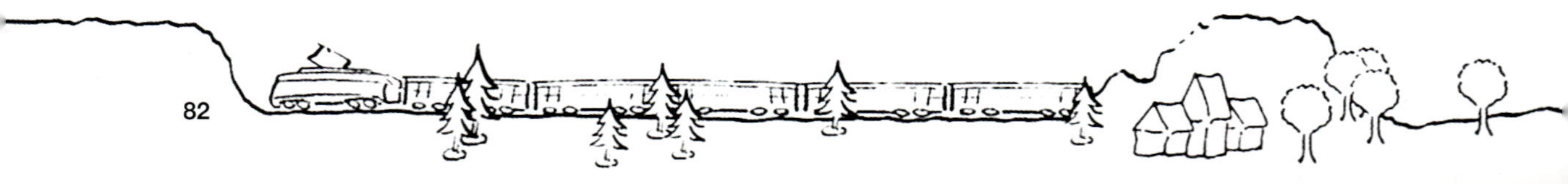

nicht nur bei den Schwebebahnstützen ins Zeug legt, sondern auch sehr stabile Stützen für unsere Anlage konstruiert.

Das sei hier nur mal so nebenbei bemerkt und dokumentiert:

Aber zurück oder besser, „über die Wupper“ . Über unserer Modellwupper machten sich die lackierten Schwebebahngerüste prächtig.

Ab geht die Post

Derweil hatte Jürgen ein weiteres Attentat auf mich verübt. Das heutige Oberbarmen hieß in den 30er Jahren Rittershausen, und entsprechend trug auch der Bahnhof dort diesen Namen. Er lag – leider wurde er in den 50er Jahren abgerissen - in einem nostalgischen Ensemble mit einer alten Post, die seine Bahnsteigverlängerung nach Osten teilte. Und diese Post hieß – wir befanden uns ja damals im „Deutschen Reich“ - „Deutsche Reichspost“

Jürgen ist ein sehr solider Rohbauer. Das heißt, er baut nicht Roh auf irgendwelchen Feldern an, sondern aus dicker Pappe und vielen innen verklebten Holzleisten Rohbauten mit den vorher aus historischen Fotos, alten Plänen und Luftaufnahmen ermittelten und auf 1:87 umgerechneten Maßen.

Und einen solchen Rohbau eben dieser alten Reichspost stellte er mir zum Weiterbau auf den Gartentisch.

Inzwischen hatten wir nämlich Sommer und zur Freude meiner Frau verbrachte ich ganze Mittagspausen oder freie Nachmittage mit ihr im Garten, wenn auch meine Aufmerksamkeit mehr auf die Bastelei vor mir gerichtet war. Dabei pflegten wir so tiefschürfende Konversationen wie:

„Du Schatz?“-

„Hmm“

„Hast Du gehört, Müllers haben einen neuen Hund?“

„Hmm“

„Einen Retriver“

„Hmm, reichst Du mir mal den Leim?“
„Wofür wohl?“
„Na zum Kleben natürlich!“
„Quatsch, ich meine den Hund“
„Mist, jetzt ist er runtergefallen.“
„Der Hund?“
„Nein, der Giebel, den ich gerade klebe“
„Der Hund ist bestimmt für Müllers Sohn, zum Spielen.“
„Sollen ihm lieber 'ne Eisenbahn kaufen.“
„Du Schatz, wann wechselst Du die kaputten Lampen?
„Die Reichspost hat doch noch gar keine Beleuchtung, kriegt sie erst später.“
„Ich meine doch unsere Gartenlampen“
„Hmm.“
„Du schneidest doch nicht etwa in den Tisch?“
„Würd' ich nie tun!“
„Das Tischtuch von neulich hat ein Riesenloch durch Deine Bastelei, das muß ich wegschmeissen.“
„Um Gottes Willen, bloß nicht, das kann ich zum Bergebau gebrauchen.“
„Du Schatz, wann mähst Du eigentlich den Rasen?“
„Morgen.“
„Morgen soll es regnen.“
„Dann bastele ich eben drinnen.

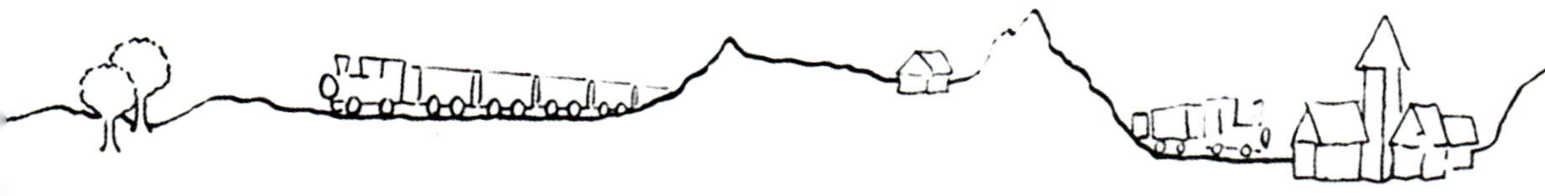

Nun hatte ich ja mit der Ruhmeshalle meine ersten Erfahrungen hinsichtlich Fassadengestaltung außerhalb von Kitbashing oder Schieferverkleidung gemacht und hier begann die nächste Etappe. Der geneigte Leser wird im folgenden durchaus auch mal mehr oder weniger stümperhafte Experimente erleben, aber er soll an meinem Lernprozeß teilhaben und ich verspreche Besserung.

Neoklassizistischer Stuck war an diesem Gebäude nicht angesagt, dafür aber eine relativ strukturierte Steinfassade mit Mauervorsprüngen und auch bescheiderem Stuck.

Also begann ich mit Pappstreifen – hier sind sie gelb, das ist aber Zufall – ein Mauerwerk nachzuahmen.

Mit einem Gemisch aus Abtönfarben – weiß, schwarz, gelb, rot und braun – fing ich meine Malexperimente an, wobei das Ganze ja auch etwas verwittert und schmutzig aussehen sollte. Das kam meinem Naturell sehr entgegen.

Mit eingeklebten Fenstern konnte das Modell zuerst meine Frau im Garten bewundern und dann die Wuppertalachsenmitglieder beim Probeaufstellen auf unserer Anlage.

Lange mußte ich nach der richtigen Aufschrift „Alte Reichspost" suchen und fand mit Hilfe mehrerer Forenteilnehmer in der Schrift „Alte Schwabacher" die Lösung. Diese Schrift befindet sich in dem Schriftformatmenu meines PCs und konnte so einfach in der gewünschten Größe ausgedruckt werden.

Nun begannen meine ersten Dachdeckerversuche mit Wellpappe, wobei das Dach vorläufig abnehmbar sein mußte. Deshalb wurden die untersten „Dachziegelreihen“ fest mit dem Haus verbunden:

Von unten nach oben wurden überlappend etwa 1 cm breite Wellpappstreifen mit Ponal-Express auf das Pappdach aufgeklebt. Dabei durfte der weiße Holzleim ruhig hier und da hervorquellen oder über dem Dach verstrichen werden, da er erstens farblos auftrocknet und zweitens das Dach später sollte sowieso noch gestrichen werden. Sollte.

Gestrichen, aber noch nicht festgeklebt wanderte es so zwischen Garten und Anlage hin und her.

Nun konnte die Post richtig abgehen. Dazu gehören vor allen Dingen Briefkästen. Heute sind sie in Deutschland postgelb, aber in den 30er Jahren waren sie rot.

Internetrecherchen ergaben, daß sie schlichtweg aus einem etwa halbquadratzentimeter dicken, oben abgerundeten Holzleistchen herzustellen waren, äh, im Modell versteht sich. Das Briefkastendach ist dann ein etwas überstehendes Pappstück und die Einwurfklappen wurden aus kleinen länglichen Pappstreifen angeklebt. Das

Deutsche Reichspost

Deutsche Reichspost

Paketannahme

Deutsche Reichspost
Rittershausen

weiße Schild und das Postzeichen stammen wiederum aus PC-Ausdrucken.
Und nun möchte ich eine kleine nostalgische Geschichte erzählen, die sich so abgespielt haben könnte:

Die Briefkästen sind soeben von der Herstellerfirma als Fracht auf dem Bahnsteig der Reichspost angekommen und warten in nicht preußischer Ordnung auf ihren Abtransport.

Und hier werden sie bereits zu ihren Zielorten abtransportiert.

Bald sind sie in der ganzen Stadt aufgestellt, natürlich auch direkt vor der Reichspost.

Was habe ich eben geschrieben? Diese Geschichte könnte sich so abgespielt haben? Nein, sie ist wahr. Ich sage die Wahrheit.

Als ich nach Hause kam, fand ich im Briefkasten, nicht in einem kleinen roten, sondern dem am Haus, einen Brief des Südwestfunks vor, in dem ich zu der Sendung

Sag die Wahrheit

eingeladen wurde. Die Sendung ist eine Rateshow, in der sich immer vier Prominente, meist die gleichen, jeweils drei Damen oder Herren gegenüber sitzen, von denen alle behaupten, die ein und dieselbe Person zu sein. Zwangsläufig sind zwei dieser drei also Lügner. Und diese Lügner dürfen das Blaue vom Himmel herunter lügen, während der Richtige nur die Wahrheit sagen darf. Die Lügner sollen aber vom Berufs- oder Lebensumfeld der zu erratenden Person etwas verstehen.

Da hatte der Südwestfunk ein bißchen recherchiert und war zu der Überzeugung gekommen, daß ich phantastisch über das Thema „Eisenbahn" lügen könnte. Irgendwas müssen die in meinen Büchern falsch verstanden haben. Die zur Wahrheit verdammte Person war in meiner Sendung nämlich Godehard Weber, der Fahrplanchef der Deutschen Bahn.

Godehard Weber hat bei der Bahn etwa 400 Leute unter sich, mit denen er jedes Jahr die Fahrpläne und Kursbücher erstellt, nach denen sich alle Züge inklusive derer anderer Bahngesellschaften, des Transitverkehrs und sämtlicher Sonderfahrten auf dem deutschen Schienennetz bewegen.

Der Südwestfunk schickte zum „Casting" ein Kamerateam zu mir nach Hause, wo ich vor laufender Kamera schon mal kräftig zum Thema „Eisenbahn" loslügen durfte. Dabei wurden mir alle möglichen Fragen gestellt, wobei ich eine sogar beantwortete, ich hätte eine abgeschlossene Ausbildung als Lokführer bei der Deutschen Bundesbahn genossen und sei auch als solcher eingesetzt worden. Daß es sich dabei um einen unerfüllten Jugendtraum handelte, der sich später eben in Richtung Modellbahn kanalisierte, verschwieg ich als angehender Profilügner tunlichst.

So hatte ich das Casting ohne rote Ohren bestanden und wurde nach Baden-Baden zur Aufzeichnung der Sendung eingeladen.

Es sollten am Drehtag mehrere der halbstündigen Sendungen vor Publikum aufgezeichnet werden und so lernten wir am Vorabend im Hotel neben dem Moderator Michael Antwerpes alle Kandidaten, die anderen Lügner und das Fernsehteam kennen. Unsere Sendung sollte als die 100. eine besondere sein und mein Mitlügner war der Vater von Michael Antwerpes.

Die prominenten Rater, Kim Fischer, Ursula Cantieni, Mike Krüger und Smudo waren natürlich in einem anderen Hotel untergebracht.

Erst am Drehtag in der Sendungsaufzeichnung kamen wir drei, Lügner, oder nicht, nach einer spannungsschwangeren Musik aus dem Dunkel unseres Bühnenteils und behaupteten jeder: „Ich bin Godehard Weber, der Fahrplanchef".

©website SWR

Gestatten Sie mir diese kleine Abschweifung in die große Bahnwelt mit einem exakten Protokoll eines Teils dieser Fernsehsendung:

Michael Antwerpes: *„Es fährt kein Zug nach nirgendwo. Dafür sorgen diese 3 Herren, aber nur einer hat den pünktlichen Fahrplan parat, die anderen beiden Lügenlokomotiven fahren Euch direkt aufs Abstellgleis. Die weiteren Informationen finden Sie an Ihrem Sitzplatz. (Während die Prominenten jeweils einen Umschlag öffnen liest Michael vor:) Ich heiße Godehard Weber und konstruiere mit meinen Mitarbeitern den Fahrplan der Deutschen Bahn und zwar für alle Züge auf unseren Schienen, das heißt 50000 Zugverbindungen und weitere 35000 km Schienennetz fallen in meine Verantwortung. Bereits 17 Monate vor dem Fahrplanwechsel beginnt die Arbeit an einem neuen Kursbuch. Dabei müssen wir 3 Fragen klären: Welche Strecken stehen uns zur Verfügung, wie viele Züge passen da drauf und was sind die Wünsche unserer Kunden? Die Planung des Fahrplans ist sehr kompliziert, auch weil knapp 300 private Kunden, das sind Eisenbahnunternehmen, unser Schienennetz mit benutzen. Sind alle Fakten zusammen getragen konstruieren wir in nur 8 Wochen ein funktionierendes Gerüst aus Strecken, Fahrtzeiten und Zugtypen. Unser Plan ist übrigens pünktlich auf die zehntel Minute getimet. Godehard Weber, Fahrplanchef der Deutschen Bahn."*

Smudo: *"Es ist natürlich eine ganz komplizierte Sache, so etwas zu machen. Es gibt sicher Toleranzen, in denen man so mit einkalkulieren muß, daß mal was nicht klappt. Nr. 3, wie hoch sind die denn?"*

Godehard Weber: *(sehr zackig) „3%!"*

Smudo: *„Danke, Nr. 2, wie oft machen Sie denn so was im Jahr, einen Fahrplan für die Bundesbahn?"*

Michael Antwerpes Vater: *„Der Fahrplan wird zirka 17 Monate vor Ablauf des alten Fahrplans in Angriff genommen."*

Smudo: *„Nr. 1, wie oft im Jahr erscheint ein Fahrplan?"*

Ich: *„Einmal."*

Smudo: *Nr. 2, was machen Sie die restliche Zeit im Jahr?"*

Michaels Vater: *„Oh, da ist ne ganze Menge zu tun. Koordinieren, Absprachen mit den ausländischen......." (Ein akustisches Zeichen beendet die Fragezeit)*

Michael: *„Stop, Stop, Stop, Stop, dankeschön."*

Ursula Cantieni: *„Also, ich fahre nicht so oft Zug, aber ich habe festgestellt, daß in den letzten Jahren das mit der Pünktlichkeit schwierig wurde. Nr. 1, wodurch kam das?"*

Ich: *„Nicht durch meine Arbeit."*

Ursula: *„Nicht durch Ihre Arbeit. Nr. 3 haben Sie eine Erklärung dafür?"*

Godehard: *„Ja, zum einen fahren mehr Züge auf dem Netz als vor Jahren."*

Ursula: *„Ja?"*

Godehard: *„Die Verknüpfung ist enger geworden in den Knoten, wir haben Takt eingeführt."*

Ursula: *„Hmm, und Nr. 2, was gedenken Sie*

fahrplantechnisch gegen dieses Übel zu unternehmen?“

Michaels Vater: „Bei uns arbeiten zirka 600 Leute in der Vorbereitung der neuen Fahrpläne und daher nehme ich an, daß wir vielleicht in der nächsten Zeit etwas mehr aufstocken müssen.“

Ursula: „600 Leute, unglaublich.....“ (Akustisches Signal)

Michael: „Hmm, also Ihr habt Euch da so ein bißchen eingeschossen auf das Thema der Pünktlichkeit.“

Ursula: „Ja aber weil es uns betrifft.“

Michael: „Aber es fahren auch viele Güterzüge nach nirgendwo und sonst wohin. Mike, bitteschön.“

Mike Krüger: „Nr.3, wo ist Ihr Büro?“

Godehard: „In Frankfurt.“

Mike: „Nr. 1, wie heißt der Marketingchef der Bahn?“

Ich: „Bauer.“

Mike: Nr. 2, wie heißt der Marketingchef der Bahn?“

Michaels Vater: „Bauer.“

Mike: Nr. 3, finden Sie das auch?“

Godehard: „Das weiß ich nicht.“

Mike: „Wieviele Züge fahren am Tag so durchschnittlich?“

Ich: „35000“

Mike: „Ah, Nr. 2 wo sitzt, wo ist der Hauptsitz der Bahn?“

Michaels Vater: „In Frankfurt.“

Mike: „Nr.3, wo ist der Hauptsitz der Bahn?“

Godehard: „In Berlin.“

Mike: „Ähm, Nr. 2, wieviele Schaffner hat die Bahn?“ (Akustisches Zeichen)

Michael: „Ob das jemand weiß, der Fahrpläne entwirft? Kim, Du schließt die Runde ab.“

Kim Fischer: „Was ist die größte Sorge eines Fahrplaners, Kandidat Nr. 1 ?“

Ich: „Daß es hinterher nicht klappt.“

Kim: „Nr. 2, was ist Ihre größte Sorge?“

Michaels Vater: „Daß wir vielleicht eine Zunahme von Unfällen haben.“

Kim: „Kandidat Nr. 3, wodurch kann so etwas kommen, mit den Unfällen?“

Godehard: „Die größte Gefahrenquelle ist immer von außen.“

Kim: „Zum Beispiel, Kandidat Nr. 2 ?“

Michaels Vater: „Tja, daß sie nicht aufpassen, wenn an den Bahnlinien......“ (Akustisches Zeichen)

Michael: „Das war's dann, Ihr Lieben. Ein paar Informationen haben wir dann doch gesammelt, nee, die wollen wir noch mal zusammenfassen: Auf der Position 1 der einmalige Fahrplanmaler, der sich nicht der Unpünktlichkeit zeihen läßt und 35000 Züge bewegt. Oder war es auf der 2 der Mann mit den 17 Monaten Vorlauf, der 600 Leute auf Pünktlichkeit trimmt, den Hauptsitz der Bahn in Frankfurt vermutet, oder war es der Frankfurter auf Position 3 mit 3% Toleranz und den engen Knoten, der den Marketingchef der Bahn nicht kennt. Smudo, viele Anhaltspunkte, aber?“

Smudo: „Sehr viele Anhaltspunkte nicht, aber total auch nicht leicht. Nr. 2 fällt für mich aus, weil soweit ich informiert bin ist der Hauptsitz der Bahn in Berlin. 3 ist der gestrenge Richtigmacher vom Typ her, 3%, auf der anderen Seite glaube ich, daß man diesen Beruf nur mit einer gehörigen Portion Humor machen kann und 1 hat so ein süffisantes Lächeln, dem ich dann gerne mein fahrplanerisches Vertrauen schenken möchte.“ (Er drückt eine Wahltaste und an meinem Pult leuchtet ein grünes Licht auf.)

Michael: „Ja, Ursula!“

Ursula: „Es ist lustig, ich empfinde genauso wie Du (zu Smudo), aber ich würde genau anders herum gewichten.“

Smudo: „Ja, mach mal.“

Ursula: „Wenn Du jetzt auf die 1 gegangen bist gehe ich jetzt auf das Gewicht, das nach unten drückt, auf die 3, der Leidende, den Leidenden.“ (Sie drückt eine Taste und ein grünes Licht leuchtet an Godehards Pult auf.)

Michael: *„Tja, der Leidende. Wie muß ein Fahrplanchef aussehen, Mike?"*

Mike: *„Ja, es stimmt natürlich, der Hauptsitz der Bahn ist in Berlin und nicht in Frankfurt. (Zu* **Godehard:** *Sie haben Ihr Büro aber trotzdem in Frankfurt, haben Sie gesagt, das heißt, Sie sind da, wo die Bahn früher auch hauptsächlich war heute noch tätig. Sie wissen ne Menge über die Bahn. Sie wissen nicht, wie der Marketingchef heißt. Das wußte ich bis vor kurzem auch nicht. Das nehme ich Ihnen nicht übel, das müssen Sie auch nicht wissen, deshalb die 3." (nach Tastendruck leuchtet eine 2. grüne Lampe an Godehards Pult auf).*

Michael: *„Aber Du kennst den Marketingchef der Bahn, wie heißt er denn?"*

Mike: *„Der heißt Klein-Bölting."*

Michael: *„Kim, wer ist der Fahrplanchef der deutschen Bahn?"*

Kim: *„Der heißt nach Kandidat 1, der heißt nicht Bauer?"*

Michael: *„Nein."*

Kim (zu mir): *„Ich hab bis eben auf Sie gesetzt." (Verdeckt Ihre Augen mit einer Hand und macht mit der anderen Hand in der Luft Abzählgesten) „Ene mene muh und aus bist Du. Alle haben jetzt einen (sie guckt Michaels Vater an), jetzt kriegen Sie auch einen Nr. 2. Das ist meine Begründung: weil ich Sie so nett finde".*

Jetzt kommt die Auflösung und Godehard Weber steht auf.

Michael: *„Und wen hatten wir auf der Position 1?"*

Ich: *„Ja, also, ich heiße Peter Holbeck, ich bin Arzt und Modelleisenbahner und habe 2 Bücher über Modelleisenbahnen geschrieben."*

Michael: *„Und wen haben wir auf der Position 2?"*

Michaels Vater: *„Mein Name ist Heinz Antwerpes und ich bin der Vater des Moderators."*

Michael: *„Und Godehard Weber sitzt auf der 3 und Sie haben uns mal was mitgebracht, das uns zumindest deutlich werden läßt, wie kompliziert Ihre Aufgabe ist."*

Godehard: *(holt eine bedruckte Tafel hinter seinem Pult hervor) „Ich will Ihnen das gerne mal sagen."*

Smudo: *„Das ist mein Belastungs-EKG von letzter Woche."*

Godehard: *„Das ist kein Belastungs-EKG, das sieht eher aus wie ein Schnittmuster, ist es aber nicht, sondern ein Computer-Ausdruck, eine Grafik, eine so genannte Trassengrafik."*

Mike: *„Was ist denn so ne schwarze Linie da?"*

Godehard: *„Die schwarzen Linien sind schnell fahrende Personenzüge, die dünnen schwarzen sind langsam fahrende Personenzüge und alles, was blau ist sind Güterzüge. Das was Sie hier sehen ist nur der kleine Abschnitt zwischen Freiburg und Offenburg. Um unser ganzes Netz mit allen Zügen abzubilden konstruieren wir jedes Jahr weit über 400 solcher Bildblätter."*

Michael: *„Sie machen sich immer so viel Mühe, wieso muß ich immer warten, wenn ich am Bahnsteig stehe?"*

Godehard: *„Das sind in der Regel äußere Einflüsse die wirken natürlich, wenn zum Beispiel hier in Basel etwas passiert, stimmen die Anschlüsse in Mannheim nicht mehr, das strahlt aus bis ins Ruhrgebiet"*

Tja, so hatte das mit meinem Lügen auch nicht so richtig geklappt. In der nächsten Runde, in der nur noch die Lügner saßen, ging ich dann richtig baden, weil man mir auch dort nicht glaubte, daß ich mit einem Hochdruckreiniger dusche. Zum Trost glaubte man auch nicht Michaels Vater, daß er eine Geldwaschanlage erfunden habe und die beiden Frauen stießen mit Ihren Geschichten vom Zusammenleben mit Agakröten oder der jährlichen Gehirnwäsche zur Läuterung in einer Klinik ebenfalls auf taube Ohren. Dabei war die Sache mit den Kröten wahr. Brrr, da finde ich meine Modellbahn attraktiver.

Weil es die 100. Sendung war, wurde von allen

Teilnehmern noch ein schönes Foto für die Presse geschossen:

©website SWR

Kaum zu Hause, fand ich dann schon wieder einen Brief des Südwestfunks vor, in dem sie mir wörtlich schrieben:

„Herzlichen Glückwunsch!
Die Redaktion von „Sag die Wahrheit" verleiht Ihnen mit diesem Schreiben den Ehrentitel „Brillanter Lügner"! Mit dieser Auszeichnung wurden im Jahr 2005 insgesamt nur 108 Europäer bedacht! Sie gehören jetzt zu einem kleinen erlesenen Kreis beneidenswerter Menschen, denen man Ihre Lügen im Fernsehen nicht übel genommen hat.

Mit ungelogen herzlichen Grüßen
Ihr „Sag die Wahrheit"- Team"

Übel nehmen würde man mir aber, wenn ich hier in meinen Büchern nicht die Wahrheit sagen würde und so verspreche ich, auch weiterhin ehrlich zu berichten.

Godehard Weber hat mich kurz nach der Sendung besucht und mir Trassengrafiken von unserem Wuppertal-Achsen-Abschnitt mitgebracht. Die hängen wir jetzt stolz in unserem Clubraum aus.

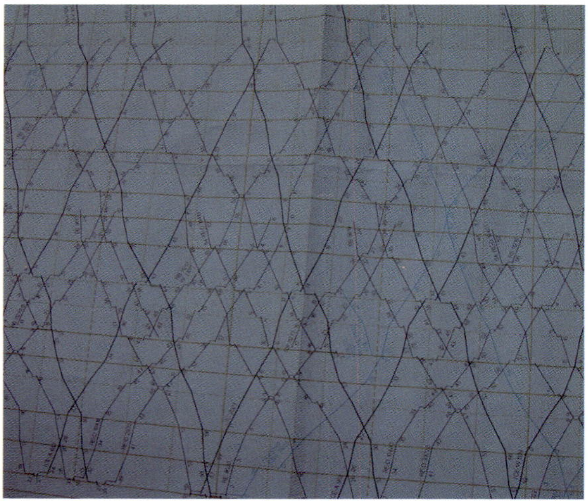

Und in diesem Clubraum wartete auf unserer Anlage neben der alten Reichspost schon die nächste Aufgabe auf mich, Jürgen hatte mal wieder vorgearbeitet.

6. Von Rittern und Zauberern

Rittershausen

So hieß der heutige Bahnhof Oberbarmen und lag direkt neben der Reichspost in Richtung Westen.

Den Rohbau konnte man hier und da schon mal bei den Stellproben des Postgebäudes sehen.

Die Vorbildfotos zeigten einen reichlichen neoklassizistischen Fassadenstuck mit dazwischen liegendem großblöckigem verputzten Mauerwerk. Hier mal einen verstohlenen Blick auf das Angebot von fertigem Mauerwerk zu werfen hätte erstens nichts Brauchbares gebracht und zweitens mein neues Selbstverständnis des Hauseigenbaus beschämt.

So kam ich auf die Idee, die Mauerwerksfugen mit dem scharfen Messer einzuritzen und hier und da mit dem schwarzen Kugelschreiber nachzuziehen. Hätte ich das Haus von Anfang an gebaut und wäre nicht so faul gewesen, dankbar Jürgens Vorarbeiten anzunehmen, so hätte ich die einzelnen Wände auf einer harten Unterlage liegend gleich mit festem Kugelschreiberdruck im gewünschten Mauerwerksmuster eingeritzt. Natürlich meine ich, daß die Wände auf einer harten Unterlage liegen, nicht ich.

Den Stuck über den Fenstern schnitt ich aus Pappe aus, wobei je nach Art des Stucks verschiedene Lagen Pappe so übereinander geklebt wurden, daß gewünschte Stufen oder Absätze entstanden.

Zur Bemalung kann ich nur den Tipp geben, daß Probieren über Studieren geht. Abtönfarbe ist während des mehr oder weniger wasserverdünnten Anstrichs so dankbar, daß man während des Arbeitens ganz viele AHA-Effekte erleben kann. Zum Beispiel verläuft ein einziger schwarzer Punkt an einer Fensterbank- oder Stuckkante

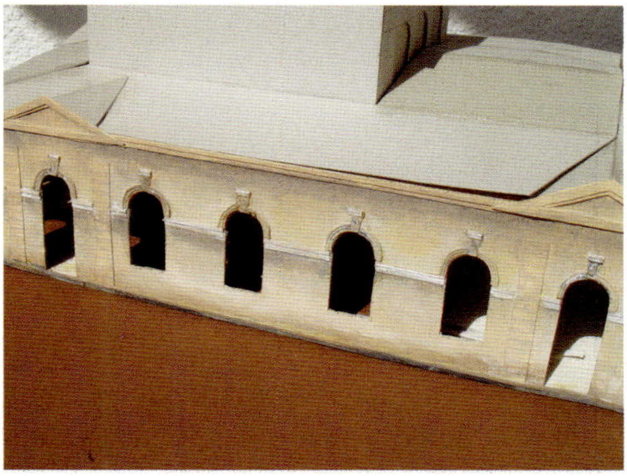

durch Aufträufeln von Wasser und Senkrechtstellen der Wand so schön natürlich nach unten, daß es so aussieht, als ob jahrelanger Wuppertaler Regen hier mit dem Zeitzahn genagt hätte. Gefällt es nicht, ist durch Überstreichen mit weniger verdünnter Farbe alles wieder zu korrigieren.

Nach der Arbeit von Malermeister Kleks sah es dann so aus:

Über der Bahnhofshalle gab es beim Vorbild einen stockwerkhohen Überbau, der auch auf die vorbeschriebenen Arbeitsgänge wartete.

Und nachdem die Zimmerleute die Fenster eingebaut hatten war die Bahnhofshalle auch wettergeschützt.

Wettergeschützt natürlich nur in der heilen Modellbahnwelt. Da es draußen in diesem herrlichen Sommer kein Wetter gab, vor dem geschützt werden mußte, stand dann auch bald das Modell im Gras und freute sich auf die weitere Bemalung.

Der Bahnhof Rittershausen war einschließlich der Nebengebäude ein sehr langes Ding. Da gab es viel zu ritzen, mit dem Kugelschreiber nachzuziehen und antörnend abzutönen.

Weniger zur Freude meiner Frau (Tischdecke), aber umso mehr zu meiner machte sich das werdende Gebäude in unserem Garten prächtig.

Meine Wuppertalachsenfreunde wollten Zwischenergebnisse sehen und nicht nur deshalb gab es hier eine häufige Garten-Anlagenwanderung des Modells. Dabei konnte ich auch gleich die Bahnsteigsüberdachung ausmessen und vorbereiten.

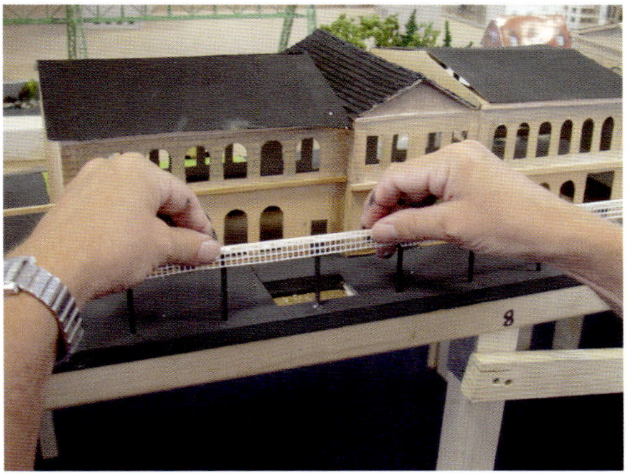

Ein Besuch in meinem geliebten Baumarkt erbrachte einen Stapel Schmirgelpapier als Dachbedeckung für Teile des Hauptgebäudes, Rundhölzer als senkrechte Bahnsteigstützen und Baugewebeband als Abschluß der Bahnsteigdachkante. Das Gewebeband ist ja schon bei den Engelshäusern beim Fensterbau zu Ehren gekommen. Da wurde es noch mit Abtönfarbe weiß gestrichen, hier am Bahnsteig in schwarz.

Es folgte der Fenster- und Dachbau.

Die Fenster wurden aus braunem Karton ausgeschnitten, mit senkrechten und waagerechten Streifen als Fensterkreuze hinterklebt, verplexiglast und im ersten Stock mit Gardinen von innen behangen. Letztere lassen sich folgendermaßen „einkaufen“:

Man geht in einen Gardinenshop. Aber nur im Internet. In einer Suchmaschine (google oder yahoo zum Beispiel) wird als Suchbegriff „Gardinen“ eingegeben und dann landet man automatisch in allen möglichen Gardinenläden, Versandhäusern und Katalogen. Die dort aufgeführten Gardinen holt man sich in ein Word-Bearbeitungsprogramm rüber, trimmt sie auf die richtige Größe und druckt sie aus. Fertig ist die Laube, äh, das Fenster. Allerdings habe ich hier in den Kindertagen meines Hauseigenbaus noch einen kleinen Fehler gemacht: Die Gardinen hängen zu dicht hinter dem Fenster. Der geneigte

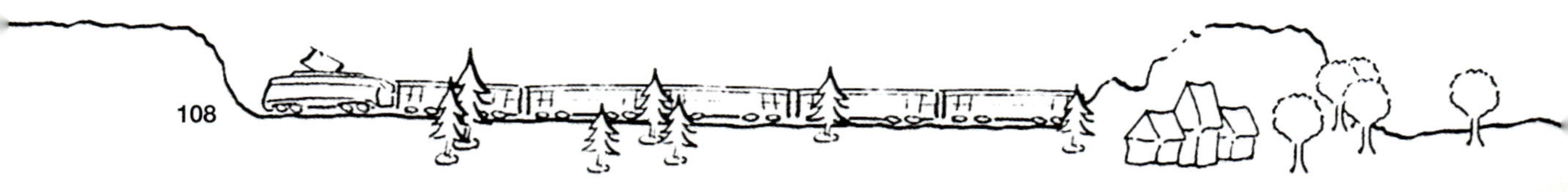

Leser wird bei meinen späteren Eigenbauten auch hier meinen Lernprozeß verfolgen können und sehen, wie einfach sich das korrigieren läßt.

Und die Dächer wurden, wie schon erwähnt, aus Schmirgelpapier oder der Wellpappenmethode hergestellt.

Das Basteln im Garten machte an diesen schönen Tagen besonders Durst. Verständlicherweise richtete sich deshalb nicht von Ungefähr meine Aufmerksamkeit auf die Bahnhofsgaststätte und deren Außenterrasse.

Noch hatten die Preiserlein nichts zu trinken. Aber dem war schnell abgeholfen:

Die Preiserlein mögen es nicht als Accessoire empfunden haben, was ihnen da vorgesetzt wurde. Aber Accessoires mußten doch hier und da vorgesetzt (Briefkästen) oder angeklebt (Uhren, Schilder) werden. Somit war der Bahnhof erst einmal fertig (irgendwann später korrigiere ich noch die Gardinen).

Bahnhofsgastst

Merlin, der Zauberer

Schon bei unserer Gründungsversammlung habe ich auf Christian hingewiesen als einen Modellhausbaumeister, der seinesgleichen sucht. Er ist N-Bahner und von daher eine wesentlich filigranere Abeitsweise in allen Modellbahnbelangen gewohnt, von der die Grobmotoriker des HO-Bereichs, also auch meine Wenigkeit nur träumen können.

Wo der Z-Bahner noch Haare spaltet, frickelt der N-Bahner im Mikrometerbereich, der HO-Bahner toleriert noch Millimeterabweichungen und der Spur-I-Bahner ist froh, wenn er mit den Schienen auf der Platte bleibt.

Christian war mir schon lange vor Gründung der Wuppertal-Achse aufgefallen, weil er in diversen Modellbahnforen unter dem Namen „Merlin" mit einzigartigen Hauseigenbauten postete und viel Bewunderung einheimste.

Ich dachte mir, daß wir so einen Häuslebauer in unserem Verein gut gebrauchen könnten, aber bevor ich das überhaupt vorschlagen konnte, war Jürgen mir wieder zuvorgekommen. Jürgen ist in vielen Dingen unheimlich schnell, wie in den vorigen Kapiteln schon beschrieben. Eine seiner diesbezüglichen Eigenschaften ist, daß er wesentlich schneller denkt, als er spricht. Im Gegensatz zu manchen Bundesligafußballern, die sich in Interviews umgekehrt mehr oder weniger blamieren. Bei Jürgen führt das zu dem oft lustigen Ergebnis, daß seine Aussprache nicht mehr mitkommt und er dann solche Sätze wie: „Wir ham die Schweebahn jet fast bs Ritzhasn vlängert" produziert. Übersetzt heißt das: „Wir haben die Schwebebahn jetzt fast bis Rittershausen verlängert."

Ja und bezüglich Merlin kam dann von Jürgen der Satz: „Ich hab n Merlin n Dsselldof übrzgt, dßß r buns tmacht". („Ich habe den Merlin in Düsseldorf davon überzeugt, bei uns mitzumachen")

Und so gehörte Merlin alias Christian zu den Gründungsmitgliedern der Wuppertal-Achse.

Es dauerte nicht lange und ich rückte ihm auch privat auf die Pelle, sprich, ich suchte ihn heim. Er hatte zu der Zeit eine sehr schöne N-Anlage, von der ich den geneigten Lesern einige Bilder nicht vorenthalten möchte. „Hatte" deshalb, weil sein Perfektionismus ihn schon wieder zum Abriß dieser Anlage geführt hat und er von einer Neukonstruktion faselt, angeblich, weil seine Frau den alten Anlagenraum für irgendwas braucht, aber da will ich nicht nachhaken, habe ich doch selbst immer wieder alle möglichen Alibis, einen neuen Modellbahntraum so und nicht anders zu verwirklichen.

Als Merlin hatte Christian in einem Forum sogar ein gut besuchtes – sofern man im Internet wirklich von „besuchen" sprechen kann –

STEIGENBERGER PARKHOTEL

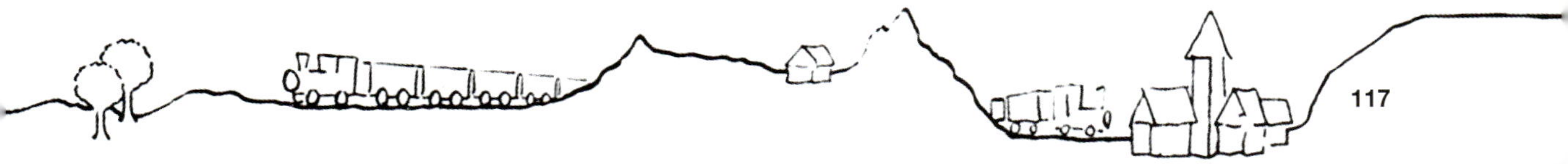

Hausbauseminar abgehalten, wobei er sich einiger humorvoller Randbemerkungen wie „und dann habe ich meine Frau auf einen Stapel Margarinekartons gesetzt, damit diese modellhausbautauglich platt werden“ nicht enthalten konnte. Das brachte mich auf die Idee, ihn zur Einführung seiner Basteltätigkeit hier in diesem Buch selbst mal zu Wort kommen zu lassen und erteile es ihm hiermit:

Das erste Haus

Eine Stadt aus den 30er Jahren nachbauen? Passende Bausätze?? Fehlanzeige.
Da hilft nur eines – Selbst ist der Modellbauer !
Mutig melde ich mich bei meinen neuen Vereinskollegen für den Häuserbau und finde mich bald darauf, mit einer alten Luftaufnahme von Rittershausen und einem verblassten schwarz-weiß Photo eines Eckhauses, am Wohnzimmertisch sitzend, von meiner Freundin mit skeptischen Blicken bedacht, wieder.
Fragen, Fragen, Fragen: Wie groß muß das Haus werden? Wie hoch? Wie breit? Und aus welchem Material?
Da fällt mir das alte Sprichwort aller Praktiker ein „Finde erst die Theorie“ , also nehme ich mir Papier und Bleistift und fange an zu zeichnen.
In alten Häusern sind die unteren Stockwerke stets die höchsten. Nach oben hin werden die Räume immer niedriger.
Stunden und viele Radierungen später, bin ich mit dem Ergebnis endlich zufrieden.
Für den Hausbau greife ich auf ein Material zurück, welches sich schon bei diversen N-Modellen stets gut bewährt hat: Pappe aus Margarinekartons !

Nun werden die einzelnen gezeichneten Häuserteile auf besagte Pappe übertragen und sauber ausgeschnitten.

Die Fassaden bekommen direkt ihren Farbanstrich und schon stellt sich mir die nächste Frage: Fenster?

Jetzt beschreite ich neue Wege und versuche, die Fenster aus Photokarton auszuschneiden. Das führt recht schnell zu passende Fenstern und bei mir zu besagtem Modellbahnlächeln. Jetzt werden die einzelnen Teile sauber zusammengeklebt und das Haus mit einem Dach aus Wellpappe versehen. Für die Stuckverzierungen muß die Rückseite eines alten Kalenders herhalten.

Stolz präsentiere ich das fertige Eckhaus zwei Samstage bei der Wuppertal – Achse, was mir doch einiges an Lob und Anerkennung einbringt.

Und auch die fragenden Blicke meiner hübscheren Hälfte haben sich mittlerweile in Bewundernde gewandelt.
Sogar das ehemalige Ladengeschäft ließ sich rekonstruieren M. Samuel Feinkost.
Nur das Schicksal der Familie Samuel bleibt leider im Dunkeln.

Soweit Merlin im Originaltext.

Ich stelle fest, daß er vom seligen Modellbahnlächeln tatsächlich infiziert ist. Und da wir schon bei Infektionen sind: Merlin hat mich auch infiziert.

7. Wer will da gesunden?

Infektionen

Glaubte ich doch bisher, daß man Fensterkreuze aus Pappe nur durch Einkleben von senk- und waagerechten schmalen Pappstreifen realisieren konnte, belehrte er mich eines Besseren. Er schnitt selbst Butzenscheiben aus einem einzigen Fenster so exakt und filigran aus, wie es nur eingefleischte N-Bahner, durch jahrelanges Miniaturleid geprägt, können. Dabei gelangen ihm auch Jugendstilfenster mit gebogenen Strukturen:

Und meine Infektion erfolgte durch Merlin zuerst mit dem Pöselvirus. Gegenüber der Rittershausener Bahnhofshalle stand das Hotel Pösel:

Hier sezierte Merlin nicht nur filigranste Fenster und Stuckteile, sondern baute auch noch Preiserlein als Fassadenelemente ein.

Hotel-Restaurant

Dann erwischte mich das Horkenbakterium. Merlin konstruierte das alte Schuhhaus Horkenbach auf der Berlinerstraße. Nur der Maßstab 1: 87 verhinderte, daß wirklich Minischuhe im Schaufenster standen.

Verschiedene Geschäftshäuser Merlins brachten mein Fieber zum Steigen. Und das Betrachten der Details an Türen und Beschriftungen forderte kalte Umschläge.

Küchen

Heiß und kalt im Wechsel wurde mir dann in seinem Atelier, obwohl da noch nicht einmal ein unbekleidetes Modell stand.

Überhaupt keine Besserung gab es im Colonialwarenladen Rosen.

Obſt & Gemüſe
Rauchwaren
Colonialwarenladen
Ferdinand Roſen
Haushaltswaren
Waſchmittel
JACOBS KAFFEE
Haribo
Persil
EDEL-PILS

EDEL-PILS
BREMME

Und in der Conditorei gab es feine Kuchen und petit fours, die mir auch nicht weiterhalfen.

Wohin ich auch blickte, Merlin sorgte für einen chronischen Verlauf meiner Infektion.

Maschinenfabrik
Karl Weber & Söhne

Maschinenfabrik
Karl Weber & Söhne
Büro

Das Fieber steigt

In einem ersten Krankheitsstadium stieg bei mir das Bastelfieber und ich wollte Merlin etwas bieten. Dazu wählte ich ein Terrain, auf dem ich mich besonders gut auskannte, nämlich das der Schieferhäuser. Da wollte ich etwas noch besser machen. Es bot sich auch gleich ein lohnendes Opfer an, nämlich ein Haus auf der Berlinerstraße, von dem wir sowohl eine Luftaufnahme, als auch eine alte Straßenaufnahme hatten.

Es ist das nur halb zu sehende Haus vorne links.

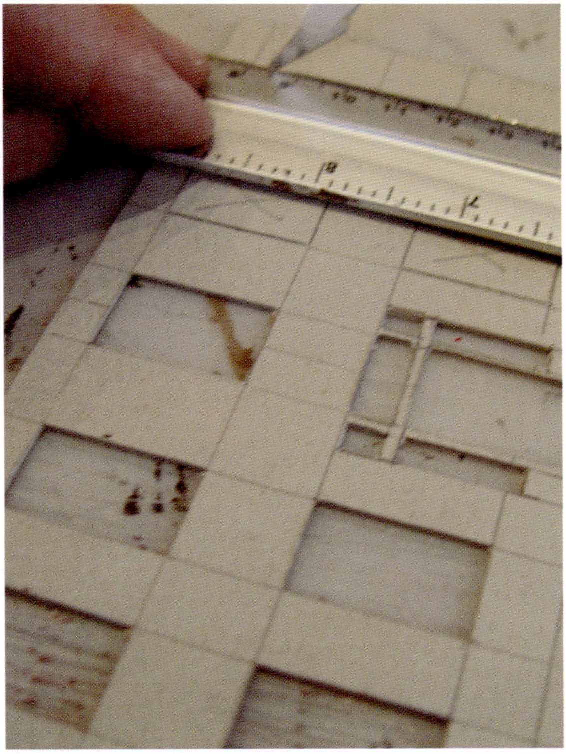

Und ein halbes Haus als Vorbild reichte in diesem Falle völlig aus, da man damals noch vorwiegend symmetrisch gebaut hatte.

So legte ich dieses Mal besonderen Wert auf vorbildgerechte Fensterrahmen, die durch weiße Pappstreifen realisiert wurden.

Nach den üblichen Arbeitsschritten der Herstellung einer Schieferfassade und deren Ausschmückung, zog ich mit dem Modell durch unser schönes Gräfrath und fotografierte es in einer typisch bergischen Umgebung. Hier muß ich schulmeisternd anmerken, daß „bergisch“ hier nichts diesen Landschaftserhebungen zu tun hat, sondern daß es sich hier um das „bergische Land“, in dem Solingen und Wuppertal liegen, handelt. Und „bergisch“ leitet sich namentlich von den alten Grafen von Berg her.

Und auf der Anlage machte es sich dann auch prächtig.

Es dauerte nicht lange, da wurden Ralf Plöcks und Ralph Lange ebenfalls angesteckt. Ihre Bauten wiesen auf deutliche Symptome bei den Erbauern hin.

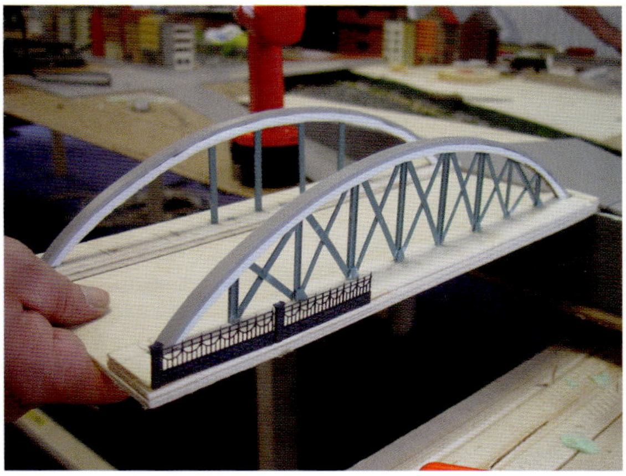

„Konfektionsschneiderei“
G. Sacco
Sparkasse
GASOLIN

Soweit die Symptome. Aber wie ist diese Infektion noch zu beschreiben und wie ist ihr Verlauf? Ist überhaupt eine Heilung zu erwarten? Und ganz frech gefragt: Ist hier eine Heilung wünschenswert?

Der geneigte Leser ahnt schon, daß in die Beschreibung Wörter wie „Vorbildtreue", „Details", „Akkuratesse", „Einfallsreichtum", „Genauigkeit", „Beobachtungsgabe" und vieles mehr gehören. Hatte ich selbst bis dato eine, wie ich glaubte, gesunde Portion Schludrigkeit oder Fünfe grade sein lassen bei meinen Bastelarbeiten, änderte sich das jetzt mit fortschreitender Infektionsdauer. Im Folgenden wird das im Einzelnen immer mehr verdeutlicht und eine Chronifizierung bewiesen.

Ich habe mich damit abgefunden, daß ich, als H0-Grobmotoriker, Merlin nicht ganz erreichen kann, schon weil mir das Geduldsgen fehlt. Fensterkreuze schneide ich auch in Zukunft nicht aus.

Bei meinen Bastelarbeiten werden also nach wie vor senk- und waagerechte Pappstreifen hinterklebt, nur eben etwas genauer.

Einen kleinen Vorteil, wie man es nimmt, hat der Merlin-Holbeck-Unterschied: Ich bin wesentlich schneller als er. Wie sagt schon der Berliner: „In der Fixigkeit war er mir über, in der Gründlichkeit ick aber ihm."

In der Zeit, in der er ein Haus baut, schaffe ich vier und das ist beim Gesamtbild der Anlage eine gute Ergänzung.

Und nur, wenn man ganz genau, am besten mit einer Lupe, hinschaut, sieht man die Unterschiede. Die Kamera mit der Makrofunktion ist genau so gnadenlos wie eine Lupe. Das stelle ich immer wieder entsetzt fest. Aber so kommen sowohl die „Eindrucksbesucher" - das sind die, die sich gerne einen Gesamteindruck von unserer Anlage verschaffen – als auch die „Nietenzählbesucher" auf ihre Kosten und beide gehen mit einem seligen Modellbahnlächeln nach Hause.

Aber wir haben unseren Besuchern durch ein neues Mitglied noch mehr zu bieten.
Diesem Mitglied Basteltipps zu geben, hieße Eulen nach Athen zu tragen.
Von ihm kann man nur sagen:

Der hat's nicht nötig

Unser neues Mitglied Klaus Kötter hat sich auf im Handel erhältliche Kartonmodelle spezialisiert. Die sind aber dummerweise zumeist nur im Maßstab 1:220 erhältlich und bringen so nur die Modellbahner der Spur Z zu einem seligen Lächeln.

Klaus möchte nun aber partout im Maßstab 1:87 lächeln und hat die Ausschneidebögen am Computer auf diesen HO-Maßstab vergrößert.

Und damit ist ihm ein wunderschönes Hafenmodul – als Vorbild diente der Duisburger Hafen – gelungen.

Auch alle Häuser, der Leuchtturm, Schuppen, Lagerhallen und selbst die Straßenbahnen sind aus Karton.

Beim Wasser ist er dem geneigten Leser bereits bekannte Wege gegangen, oder sagt man hier besser: Bahnen geschwommen? Bahnen von verkehrtrum tapezierter Rauhfasertapete mit viel glänzendem Klarlack überzogen sorgen hier für einen vorbildgerechten Wassereindruck.

Raiffeisen

FRAGILE

8. Redlich verdient

Pause

Hier ist jetzt, wie im ersten Band, Zeit für eine Pause. Diese Pause ist dieses Mal nicht ferienbedingt, sondern man könnte sie als die der Rekonvaleszenz bezeichnen. Rekonvaleszenz von den Folgen der vorher beschriebenen Infektion.

Und wie es mit allem weiter geht kann der geneigte Leser im 4. Band vom „seligen Modellbahnlächeln“ erfahren.

9. Querdenker zum dritten

sind oft unangenehm und gelten als nörgelnde Zeitgenossen. Davon soll hier zum Abschluß nicht die Rede sein, sondern es geht um Querverweise, also Hinweise auf andere Modellbahner, die entweder ganz andere Meinungen haben, oder mir mit ihren Meinungen Schützenhilfe gegeben und mir geholfen haben. Auch Nicht-Modellbahner, wie der Künstler ANDRE P., der die ganzen Modellbahnmännchenzeichnungen verbrochen hat, sollen hier dankend erwähnt werden.

Fangen wir mit A an:
Wolfgang Ahrberg, auf dessen Kritik ich nicht verzichten wollte: aw.ahrberg@t-online.de

Dirk Bosselmann, einer der beiden Computerfreaks: dirk.bosselmann@wtal.de

Jürgen Carl, der mich von meinem angestrengten Buchschreiben mit Tennis ablenkt und mich immer aus seligem Schweben auf den Boden der harten Tatsachen zurückholt: ejcarl@t-online.de

Der Filmclub Solingen e.V., der wieder mit vielen Tipps und Anregungen half
Kontakt: halfmann.solingen@t-online.de

Frank Forsten, der mir wieder mit Kritik das Buchschreiben schwer machte und das Foto eines jungen Lesers zur Verfügung stellte:
http://www.forsten-online.de

Holger Hermann, der mit seinen modellbauerischen Fähigkeiten unsere Wuppertal-Achse weitergebracht hat: Herrm@gmx.net

Lutz Hielscher, der mit seinem käuflichen Modell der Wuppertaler Schwebebahn uns inspiriert hat, es noch perfekter zu machen:
http:www.hielscher-dampfmodelle.de

Harald Himburg, der selbst N-Autos a la car-system zum Fahren bringt:
bau 187pkw@aol.com

Klaus Hoffmann, der mich beim Betrachten seiner Schwebebahnmodelle und der alten Märklinschätzchen in seliges Nostalgielächeln versetzt hat.

Christian Hoffmann, genannt „Merlin", der mich maßgeblich mit dem Modellbahnselbstbauvirus infiziert hat und der so nett war, dieses Buch Korrektur zu lesen: Merlin-63@gmx.de

Andre Jähnichen, unser Profi-Schwebebahnbauer, der uns alle in seliges Schweben bringt: Jaehnichen@versanet.de

Roland Kluck aus Lüneburg, ein eingefleischter Modellbahner, der mich zu den ersten beiden Bänden animiert hat:
http://www.erka-dokumentationen.de

Bernd Knaak, der für mich extra nach Dortmund gefahren ist, um die Bilder der dortigen Hängebahn zu fotografieren:
bernd.knaak@uni-dortmund.de

Klaus Kötter aus Wuppertal, der uns zeigt, wie man vorbildlich Wasser gestaltet und hervorrangende Kartonmodelle baut.
krueger-koetter@wuppertal.de

Ann-Kathrin Kramer, für deren Film „Heiratsschwindlerin mit Liebeskummer" ich ein Modell bauen durfte:
Kontakt: www.abovetheline.de

Jürgen Kuntze, der Begründer der Wuppertalachse, dem kein Projekt zu phantastisch ist: j.kuntze@gmx.de

Karl-Heinz Kruse aus Hamburg, der mir mit seiner homepage ein Forum zur Präsentation meiner Modellbahnaktivitäten bereitstellt:
http://www.modellbahnbau24.de

Manfred Langen aus Leichlingen, ein hervorragender N-Bahner, der die Idee mit dem „seligen Modellbahnlächeln" hatte:
Manfred.m.langen@t-online.de

Joachim Lehberger, der die Musik zu meinem Lächeln komponiert und arrangiert hat:
info@highland-musikarchiv.com

Manfred Lüppken, der mich mit seinen Schwebebahndioramen in einen Bastelrausch versetzt hat: Manfred.Lueppken@t-online.de

Oliver Merklinghaus, der mit witzigen Einfällen zu mancher Textstelle und Überschrift beigesteuert hat: olmewupper@t-online.de

Jens Müller, der andere unserer beiden Computerfreaks: jm-wtal@arcor.de

Hagen von Ortloff, der mit seiner vorzüglichen TV-Sendereihe „Eisenbahnromantik" durch vielfache Ausstrahlung meines „seligen Modellbahnlächelns" selbiges noch strahlender gemacht, und so den Stein, pardon die Bahn erst ins Rollen gebracht hat:
http://www.swr.de/eisenbahn-romantik/

Andre P. aus Solingen (P. steht für das zungenbrecherische Przybylak), der wie schon erwähnt, die lustigen Zeichnungen verbrochen hat:
http://www.andre-p.com/site_neu/e_/e_1_fset/left_1.htm

Ralf Plöcks, ohne dessen Stütze, äh Stützen unsere ganze Arbeit zusammenbrechen würde und der uns auch am schweben hält:
0202 2573050

Frank Ronneburg, der mir die Fotos vom loxx zur Verfügung gestellt und auch noch was für die Nostalgie hat: http://tischbahn.de/

Erika Schälling, die nicht nur Pferdedioramen, sondern auch Häuser und Gärten gestalten kann.

Egbert Schnütgen, den ich als Baumdoktor bald zum Oberarzt ernennen werde:
egbert.schnuetgen@tiscali.de

Ralf Schulz, auch als Mr.E-Light bekannt, auf dessen Tipps und Hilfe ich nicht mehr verzichten möchte:
http://resmodeling.re.funpic.de/modellbilder/

Hans Joachim Wagner, der allen zeigt, wie man aus Dingen des täglichen Lebens hervorragende Modellbauergebnisse erzielen kann:
hans-joachim.wagner@de.abb.com

Godehard Weber, der Fahrplanchef der Deutschen Bahn, der nicht lügen darf und mit seinen vorzüglichen Trassengrafiken für reibungslosen Zugverkehr sorgt:
godehard.weber@bahn.de

Andreas Weise, dessen Anlagenbau und Giezharzexperimente ich weiterhin wohlwollend verfolge: Dj-nameless@t-online.de

Paul Weth, der mir mit witzigen Einfällen zu seinen Kontakten zu den Fernsehsendern sehr geholfen hat: pweth@onlinehome.de

Astrid Wirth, die so freundlich war, ihr Foto von Ann-Kathrin Kramer ebenfalls freizugeben:
astrid.wirth@t-online.de

Wuppertal-Achse, ein Verein, der mich wie eine Infektion nicht mehr losläßt:
www.wuppertal-achse.de, Tel: 0174 6343368

Außerdem gilt mein Dank allen, die mich in Wort und Schrift oder irgendwie sonst zum Durchhalten beim Buchschreiben unterstützt haben:

Niko Brausse, Hartmut Engels, Elmar Wienhöfer, Horst Wittmann, Peter Feierabend und allen, die ich jetzt vergessen habe und denen ich bei Anmahnen sofort einen ausgeben werde.

Ausblick mit kleinen Einblicken

Ausblick auf Band 4

1. Erwartungen - Genesen?
(Einleitung von Band 4)

2. Baukunst und Kunst am Bau
(zumindest ein Versuch)

Werk vom Fach - Fachwerk
(Fachwerkbau im Modell)

Brich Dir bloß keine Verzierung ab
(Und das mit Stil - mit Jugendstil)

Alles nur Fassade
(Hausfassaden im Modell)

3. Von schmerzlosen Beulen bis zum Liebeskummer

Eine Beule, die nicht wehtut
(In Wuppertal gibt's Kneipen)

Amerikabesuch
(Fremdgehen)

Heiratsschwindlerin mit Liebeskummer
(Ann-Kathrin Kramer und ihr Kiosk)

4. Auch im Kleinen ganz groß
(selbst hinter den Dingen)

Zur Schau gestellt
(Schaufenster)

Hinein in die gute Stube
(Schieben wir mal die Gardinen beiseite)

In den Hinterhöfen
(gibt's Idylle)

Im Garten
(da mehr oder weniger auch)

5. Der rauhe Fabrikalltag
(oder scheint es nur so)

Tischbein deck Dich
(eine neue Art des Mauerns)

Bis das der Schornstein raucht
(Fabrikschornsteinbau)

Es werde Oberlicht
(und dadurch hell in der Fabrikhalle)

Alles nur gesponnen
(Bau einer Seidenspinnerei)

Das muß kesseln
(Bau eines Kesselhauses)

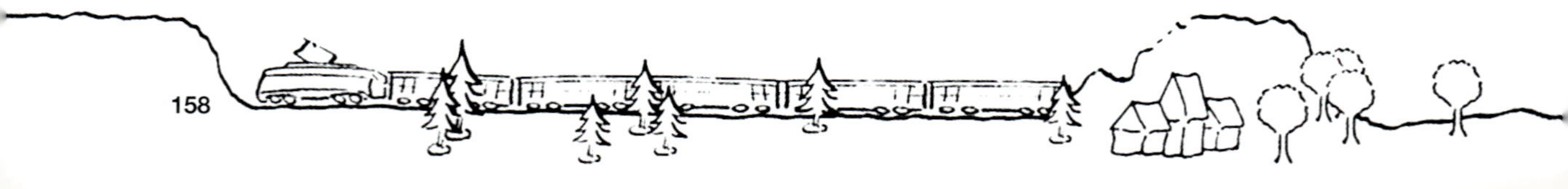

6. Keine Angst vor der Abschlußprüfung
(die gibt's doch gar nicht)

Der Hausbastelkurus
(hört auf den Oberlehrer)

7. Durch die Idylle zum Schrott

Durch die Felder, durch die Auen
(Agrar-Landschaftsbau)

Ein neuer Baumdoktor
(Egbert macht Konkurrenz)

Alles Schrott
(Bau eines Schrottplatzes)

8. Memory – alles richtig?

Der Herr Betzendahl
(Ein liebenswerter Besserwisser)

Die Kohle stimmt
(Bau einer Kohlenhandlung)

Der Schotter auch
(Gleiseinschottern)

9. Auch Kleinigkeiten nicht auf die lange Bank schieben

Bankgeheimnis
(Bau von Bahnsteigbänken)

Völker seht die Signale
(Signalattrappenbau)

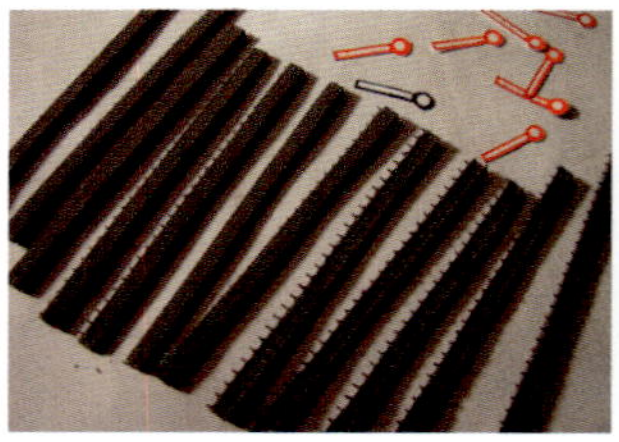

10. Das gibt es nur in Wuppertal:

Das selige Schweben
(nicht ganz frei, am Gerüst)

Endstation
(der Schwebebahn und auch des Buches)

11. Querdenker zum Vierten